Eine Hochschule der Welt

Dieter Lenzen

Eine Hochschule der Welt

Plädoyer für ein
Welthochschulsystem

Dieter Lenzen
Universität Hamburg, Deutschland

ISBN 978-3-658-07265-0   ISBN 978-3-658-07266-7 (eBook)
DOI 10.1007/978-3-658-07266-7

Die Deutsche Nationalbibliothek verzeichnet diese Publikation in der Deutschen Nationalbibliografie; detaillierte bibliografische Daten sind im Internet über http://dnb.d-nb.de abrufbar.

Springer VS
© Springer Fachmedien Wiesbaden 2015
Das Werk einschließlich aller seiner Teile ist urheberrechtlich geschützt. Jede Verwertung, die nicht ausdrücklich vom Urheberrechtsgesetz zugelassen ist, bedarf der vorherigen Zustimmung des Verlags. Das gilt insbesondere für Vervielfältigungen, Bearbeitungen, Übersetzungen, Mikroverfilmungen und die Einspeicherung und Verarbeitung in elektronischen Systemen.
Die Wiedergabe von Gebrauchsnamen, Handelsnamen, Warenbezeichnungen usw. in diesem Werk berechtigt auch ohne besondere Kennzeichnung nicht zu der Annahme, dass solche Namen im Sinne der Warenzeichen- und Markenschutz-Gesetzgebung als frei zu betrachten wären und daher von jedermann benutzt werden dürften.
Der Verlag, die Autoren und die Herausgeber gehen davon aus, dass die Angaben und Informationen in diesem Werk zum Zeitpunkt der Veröffentlichung vollständig und korrekt sind. Weder der Verlag noch die Autoren oder die Herausgeber übernehmen, ausdrücklich oder implizit, Gewähr für den Inhalt des Werkes, etwaige Fehler oder Äußerungen.

Lektorat: Stefanie Laux, Katharina Gonsior

Gedruckt auf säurefreiem und chlorfrei gebleichtem Papier

Springer Fachmedien Wiesbaden ist Teil der Fachverlagsgruppe
Springer Science+Business Media
(www.springer.com)

Inhalt

Drei Universitätsbegriffe im Globalisierungsprozess . . .   7

1   Dynamiken globaler sozialer Systeme   23

2   Globale Herausforderungen für
    den postsekundaren Sektor als Quelle
    des Systemvergleichs   29

3   Zur Genese der drei Systeme
    des postsekundaren Sektors   37

4   Konvergenz und Divergenz:
    Gegenwärtige Systemdynamiken
    im postsekundaren Bereich   43

5   Ein Welthochschulsystem fairer Chancen?   77

6   Konklusion   87

Literaturverzeichnis   93

Drei Universitätsbegriffe im Globalisierungsprozess

Wie sieht die Universität, wie sehen die Hochschulen in der Welt in zehn, zwanzig Jahren aus? Werden sie Einrichtungen der Berufsausbildung nach dem häufigsten, dem anglo-amerikanischen, „utilitaristischen" Muster sein? Werden sie als solche für ganze Altersjahrgänge offen sein? Oder werden sie Orte der „Spitzenforschung" für die Versorgung der Industrie mit neuen Produktideen, Innovationen und mit „Spitzenpersonal" sein – und damit nur für eine kleine Funktionselite? Oder besteht die Chance, dass die Hochschulen der Welt auch (wieder) Bildungseinrichtungen im emphatischen Sinne werden, die ihre Aufgabe erklärtermaßen in der Bildung von Persönlichkeiten sehen, die als Weltbürger Verantwortung für das Ganze zu übernehmen bereit sind? Wird sich das auf eine Bildungselite beschränken, oder kann es ganze Generationen von jungen Menschen auf allen Kontinenten umfassen? Wird, kann oder soll es „die eine" Hochschule geben, oder ist eine hohe Diversität im tertiären Sektor, im *post-secondary system* wahrscheinlicher? Aber vor allem: Was wäre wünschenswert? Welches Hochschulkonzept dient dem Menschen der Zukunft in „der einen Welt" mehr? Womit ist zu rechnen, wenn die (noch) verschiedenen Systeme sich aneinander angleichen?

Welches Modell wird dominant sein? Wer wird davon profitieren und wer nicht? Was wäre zu tun, um eine (vielleicht nicht ganz) zufällige Entwicklungsdynamik zu verhindern, die am Ende den Utilitaristen zum Sieg in einem globalen Hochschulsystem verhilft?

Das deutsche Hochschulsystem und darüber hinaus das kontinentaleuropäische System des „postsekundaren" Bereichs stehen also vor einer fundamentalen Transformation, einem Prozess, der teilweise bereits begonnen hat. Er hat begonnen durch Phänomene wie die Bologna-Reform, die sich nur auf den ersten Blick einer ausschließlich europäischen Vereinigungsidee im Hochschulbereich verdankt, auf den zweiten aber als Bestandteil eines Globalisierungsprozesses des gesamten postsekundaren Systems in den verschiedenen Weltregionen gesehen werden muss. Durch die Adaptation des angloamerikanischen Hochschulsystems zumindest in Teilen ist der Bologna-Prozess bereits ein Vorgang, der über Europa hinausreicht. Er schließt Kontinentaleuropa an die Konzepte des Dritten Sektors an, die in Nordamerika, in Teilen Asiens, aber auch in den Schwellenländern anderer Kontinente Fuß gefasst haben.

Dieser Vorgang kann als Bestandteil eines ungesteuerten (oder gesteuerten?) Konvergenzprozesses gedeutet werden, zu dem weitere Erscheinungen gleichfalls ihre Beiträge leisten, z. B. die Mobilität von Studierenden zwischen europäischen und nichteuropäischen Ländern, die in den letzten zehn Jahren um zehn Prozent gestiegen ist,[1] oder die zahlreichen Hochschulpartnerschaften, von denen die deutschen Hochschulen – auf unterschiedlichem Niveau – 20 000 weltweit unterhalten, die Entstehung gemeinsamer NGOs im postsekundaren Bereich, wie beispielsweise die europäische

---

1 Unesco Institute of Statistics: Steigerung der Zahl der „inbound mobile students from non-EU countries" von 58,2 Prozent (2000) auf 68 Prozent (2010).

Universitätsvereinigung (EUA), oder über Europa hinaus die International Association of Universities (IAU) und die International Association of University Presidents (IAUP).

Dieser Globalisierungsprozess findet zurzeit mit erheblichem Tempo statt, ohne dass demokratisch legitimierte Organisationen ihn international steuern würden. Es gibt vielmehr eine Macht des Faktischen, die im Wesentlichen durch ein Verständnis von postsekundarer Bildung determiniert wird, welches Bildung als Ware begreift. Es kann davon ausgegangen werden, dass sich dieser Prozess innerhalb von ein bis zwei Jahrzehnten so akzeleriert, dass Bildungssysteme mit anderen Traditionen darunter zum Verschwinden gebracht werden. Zu diesen Traditionen gehört beispielsweise ein ostasiatisches Bildungsverständnis und – relevant vor allem für Deutschland –, das kontinentaleuropäische.

Die kontinentaleuropäischen Hochschulen verstanden sich seit dem ausgehenden 18. Jahrhundert als Institutionen der Aufklärung und nicht der Berufsausbildung oder der Auftragsforschung. Als Einrichtungen der Aufklärung sahen sich in Kontinentaleuropa, in Sonderheit in Deutschland, aber auch in Frankreich Universitäten in einer doppelten Verpflichtung: zum einen gegenüber dem Individuum und zum anderen gegenüber der Gesellschaft. Sie dienen dem Individuum, insofern es durch Wissenschaft gebildet werden soll, und damit der Gesellschaft, die auf dem Wege der Humanisierung durch in diesem Sinne gebildete Persönlichkeiten voranschreitet.

Der Unterschied zum anglo-amerikanischen Verständnis wird sinnfällig, wenn man aus den *Gedanken über Erziehung* von John Locke als einem der „Väter" des atlantischen Bildungsverständnisses referiert, der die Bildung zum Gentleman in vier Dimensionen sieht: der Tugend, der Lebensklugheit, der Lebensart und den Kenntnissen.[2] Der in diesem

---

2 Locke, John (1897): Gedanken über Erziehung, eingeleitet, übersetzt und erläutert von Ernst von Sallwürk, Langensalza.

Sinne Gebildete verhält sich standesgemäß und ist insoweit nützlich. Dem gegenüber formuliert Wilhelm von Humboldt in der *Theorie der Bildung des Menschen:*

> Die letzte Aufgabe unseres Daseins: Dem Begriff der Menschheit in unserer Person sowohl während der Zeit unseres Lebens, als auch noch über dasselbe hinaus, durch die Spuren des lebendigen Wirkens, die wir zurücklassen, einen so großen Inhalt, als möglich, zu verschaffen, diese Aufgabe löst sich allein durch die Verknüpfung unseres Ichs mit der Welt zu der allgemeinsten, regesten, freiesten Wechselwirkung.[3]

Die Träger künftiger Entscheidungen über die Gestalt des postsekundaren Systems weltweit stehen also vor keiner geringeren Aufgabe, als sich, im Namen der von ihnen vertretenen Menschen, überlegen zu müssen, ob hochschulische Einrichtungen durch Wissenschaft Bildung ermöglichen sollen, die der moralischen, politischen und sozialen Weiterentwicklung der Gesellschaft, d. h. der Weltgesellschaft, dienen soll, oder ob ihre vornehmliche Aufgabe darin besteht, junge Menschen berufsfähig zu machen, so dass sie sich selbst ökonomisch reproduzieren können. Zugespitzt formuliert: Es geht um das Verhältnis von ökonomischer und moralischer Reproduktion der lernenden Subjekte.

Eine Entscheidung in die eine oder andere Richtung hat weitestgehende Folgen für die künftige gesellschaftliche Formation im Weltmaßstab. Denn eine Gesellschaft im kontinentaleuropäischen Verständnis folgt einer Utopie des guten, nicht wohlhabenden, sondern des moralisch vertretbaren Lebens, wohingegen im atlantischen Verständnis oft das Einkommen im Vordergrund stehen mag. Voraussetzungen und

---

3 Humboldt, Wilhelm von (1968): Theorie der Bildung des Menschen. In: Röhrs, Hermann: Bildungsphilosophie, Bd. 2, Frankfurt a. M., S. 56–60, hier Seite 57.

Folgen dieser Differenz reichen in nahezu jeden Bereich des gesellschaftlichen Lebens auch über das Bildungssystem hinaus und führen zu völlig unterschiedlichen Verfassungen und staatlichen Praktiken, wie z. B. im Umgang des Staates mit Informations- und Selbstbestimmungsrechten seiner Bürger.

Soll Universität sich dem Allgemeinwohl in einer Weise verstanden wissen, das dieses über ökonomisches Wachstum hinausgeht und eher an ethischem Wachstum interessiert ist und sogar möglicherweise das Ökonomische relativiert? Dann würde Geltung haben, was bereits in Frankreich zeitgleich mit dem Anfang des Bologna-Prozesses als Aufgabe der Universität formuliert worden ist:

Die Universität müsste also auch der Ort sein, an dem nichts außer Frage steht: Die gegenwärtige und determinierte Gestalt der Demokratie sowenig wie selbst die überlieferte Idee der Kritik als theoretischer Kritik, ja noch die Autorität der Form „Frage", des Denkens als „Befragung". (…) das Recht, alles zu sagen, sei es auch im Zeichen der Fiktion und der Erprobung des Wissens; und das Recht, es öffentlich zu sagen, es zu veröffentlichen. Dieser Bezug auf den öffentlichen Raum ist es, wodurch die neuen Humanities der Epoche der Aufklärung verpflichtet bleiben werden.[4]

Wenn der Globalisierungsprozess im postsekundaren Bereich mit seinen Chancen und Risiken nicht bewusstlos dem Marktmechanismus überlassen werden soll, dann muss untersucht werden, welches die erwartbaren, gewissermaßen naturwüchsigen Konvergenzentwicklungen sein werden, ohne Intervention demokratisch legitimierter Organisationen. Dazu sind die den drei großen Bildungssystemen, dem kontinentaleuropäischen, dem atlantischen und dem ostasiatischen, inhärenten Merkmale und Dynamiken unter dem Gesichtspunkt zu

---

4 Derrida, Jacques (2001): Die unbedingte Universität. Frankfurt a. M., S. 14 f.

betrachten, wie sie mit den Herausforderungen im Weltmaßstab umgehen, vor denen sie gegenwärtig stehen. Dabei ist zu fragen, welches dieser Systeme gegenüber diesen Herausforderungen möglicherweise die stärkste Durchsetzungskraft besitzt. Sodann ist zu fragen, ob die mit dem „stärksten System" verbundenen Implikationen von den Menschen dieser Welt gewollt werden können und was, falls nicht, der ungezügelten Entwicklung entgegengehalten werden kann. Es wird eine Verbindung aus Widerstand und Dialog sein.

Zunächst ist es erforderlich, die Entwicklung des tertiären Sektors und darin der Hochschulen auf Konvergenzen und Divergenzen abzutasten. Unter dem tertiären Sektor wird hier die gesamte postsekundare Ausbildung bzw. Bildung verstanden. Dieses ist notwendig, weil international, anders als in Deutschland, in der Regel nicht zwischen Berufsausbildung und hochschulischer (Aus-)Bildung unterschieden wird. Beides gilt als „post-secondary education". Dabei ist die deutsche Variante der Berufsausbildung außerhalb der Hochschule im sogenannten dualen System ein Sonderfall: eine Ausbildung, begleitet von einer öffentlichen schulischen in teilzeitberufsschulischen Systemen bzw. der staatlichen vollzeitberuflichen Ausbildung für sogenannte Assistentenberufe auf einem mittleren Beschäftigungsniveau. Diese Tatsache wird bei von Deutschland ausgehenden Benchmarks, aber auch bei politischen Entscheidungen wie im Rahmen des Bologna-Prozesses leicht übersehen und hat gerade im letztgenannten zu schwerwiegenden Verwerfungen geführt. So erklärt sich die einseitige Orientierung des Bologna-Prozesses an dem Ziel der Berufsausbildung nur, wenn man in Rechnung stellt, dass das Bildungswesen in Großbritannien und in der vom dortigen Bildungsverständnis beeinflussten Welt Berufsausbildung als Aufgabe der Hochschulen versteht.

Die Perspektive der vorliegenden Betrachtung geht deshalb zunächst von den deutschen Gewohnheiten im postsekundaren Bereich aus, um vor dem Hintergrund der deutschen

Sonderrolle die Frage zu verfolgen, welche Implikationen das weltweit völlig abweichende Verständnis des tertiären Bereichs für das deutsche Hochschulsystem perspektivisch haben wird. Diese Analyse ist bedeutsam, weil in Deutschland beträchtliche Brüche innerhalb des Hochschulsystems zu beobachten sind, die unter anderem aus dem Umstand resultieren, dass deutsche Hochschulen und ihre Leitungen auf die internationalen Konvergenzentwicklungen durch Anpassungsversuche reagieren und damit Differenzen innerhalb des deutschen Hochschulsystems schaffen, die diesem nicht inhärent sind, sondern erst wirksam werden, wenn deutsche Hochschuleinrichtungen versuchen, sich in den internationalen Hochschulzusammenhang hinein zu interpretieren.

Dabei spielt des Weiteren eine Besonderheit eine wesentliche Rolle, die weltweit nicht jeweils für das gesamte Hochschulsystem gilt: Nämlich das Prinzip, dass deutsche Universitäten grundsätzlich nicht nur Verpflichtungen in der (Berufs-)Ausbildung haben, also in der Lehre, sondern dass Forschung ein integraler Bestandteil des Hochschul-Verständnisses ist. Diese Sicht erweitert sich seit einigen Jahren folgerichtig auch auf den Fachhochschulbereich. International betrachtet sind *research universities* aber nicht der Normalfall, sondern die Ausnahme. Am Beispiel der USA läßt sich dieses leicht zeigen, hier stehen ca. 4 800 Hochschulen (*„universities"* bzw. *„colleges"*) nur rund 100 *research universities* gegenüber.

Aufgrund der besonderen Bedeutung der Berufsausbildung im internationalen Hochschulsystem erfahren zudem Länder, die sich in ihrer Entwicklung in Übergangsstadien befinden, eine extrem starke *„massification"*, also eine „Vermassung" des Studiums, die dem Umstand geschuldet ist, dass außerhalb der Universitäten eine Perspektive für Berufstätigkeit im späteren Leben auch selbst in handwerklichen Berufen nicht gewonnen werden kann. Diesen Zuwachs an Studierenden haben allerdings auch die Herkunftsländer des klassischen Universitätssystems erfahren, zuletzt die deutschsprachigen durch die

Erhöhung des Anteils der jungen Menschen, die eine Hochschulzugangsberechtigung erwerben, auf bis zu 50 Prozent. Vorangegangen in Europa waren die britischen Universitäten, die zwischen 1980 und 2008 einen Zuwachs von 500 000 auf 2,4 Millionen Studierende erfuhren. Zwischen 2003 und 2008 wird davon ausgegangen, dass sich in Ländern wie Indien und Malaysia die Zahl der Studierenden verdoppelt oder sogar vervielfacht hat. Für China gilt, dass zwischen 1985 und 2007 fast eine Verfünffachung stattfand, und für die Entwicklung der Studierendenzahlen weltweit geht die UNESCO davon aus, dass deren Zahl von 13 Millionen im Jahr 1960 auf 150 Millionen im Jahr 2008, ausschließlich im Hochschulsektor, gestiegen ist.[5] Betrachtet man diesen Vorgang in einem Zeitraum seit dem Entstehen der modernen Universität am Anfang des 19. Jahrhunderts weltweit und auch differenziert nach Weltregionen, dann ergibt sich ein sprunghafter Anstieg etwa seit den 1980er Jahren (siehe Abb.).

Das deutsche Hochschulsystem ist insoweit gleichzeitig Bestandteil dieses Globalisierungsprozesses und in gewisser Weise dessen Opfer. Weil das begreiflicherweise weltweite Interesse an einer adäquaten, die berufliche Zukunft sichernden Ausbildung exponentiell gestiegen ist, geschah dieses auch in Deutschland. Dieses aber nicht deshalb, weil es etwa keine Berufsausbildung gegeben hätte, wie z. B. in vielen Ländern Südostasiens, sondern weil verkannt wurde, dass eine hochqualitative Berufsausbildung im deutschen dualen System stattfindet und, auch verursacht durch die völlig unangemessenen Anwürfe aus der OECD hinsichtlich der Bildungsbeteiligung am Hochschulsystem in Deutschland, erhebliche Teile eines Altersjahrgangs ihre Ausbildung inzwischen in den

---

5 Vgl. Foskett, Nick/Maringe, Felix (2010): The Internationalisation of Higher Education: A Prospective View. In: Maringe, Felix/Foskett, Nick (Hg.): Globalization and Internationalisation in Higher Education. Theoretical, Strategic and Management Perspectives. London, New York, S. 305–317, hier S. 307.

Drei Universitätsbegriffe im Globalisierungsprozess 15

Abb. Anzahl der Studierenden an Hochschulen weltweit und nach Weltregionen

Figure 1: World Tertiary Students, 1815–2000

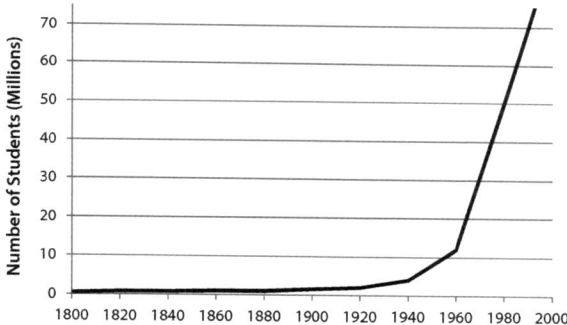

Figure 2: Tertiary Enrollment per 10,000 Capita, Regional Averages, 1900–2000

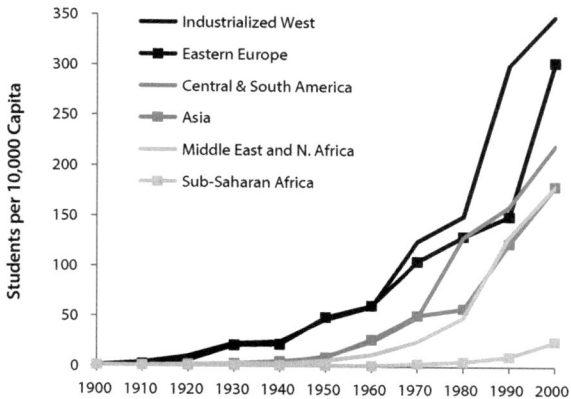

Quelle: Meyer, John/Schofer, Evan (2007): The University in Europe and the World: Twentieth Century Expansion. In: Krücken, Georg/Kosmützky, Anna/Torka, Marc (Hg.): Towards a Multiversity? Universities between Global Trends and National Traditions. Bielefeld, S. 45–62, hier S. 48 f.

Hochschulbereich verlegt haben. Dieses geschah zum einen aus Sorge um eine adäquate berufliche Zukunft, zum anderen nicht selten sicher auch aus Reputationsgründen, die wiederum mit dem ersten Motiv aufs Engste verbunden sind. Dabei ist nicht zu verkennen, dass etwa die deutsche Adaptation des Bologna-Systems in vielen Bereichen keine Berufsausbildung bietet und auch nicht bieten kann, weil es sich, zumindest im Universitätsbereich, lediglich um eine Transformation klassischer hochschulischer Inhalte aus dem Graduierungssystem vor Bologna in dasjenige von Bologna handelt.

Vor diesem Hintergrund ist für das deutsche System die Frage seines künftigen Ortes und insbesondere die Frage seiner Inhaltlichkeit von großer Bedeutung, es sei denn, man wollte das duale System in ein Hochschulsystem transformieren, wofür es allerdings keine Anhaltspunkte gibt. Von der inhaltlichen Füllung des hochschulischen Bildungsverständnisses hängt aber über die Berufsbildung hinaus der Ort der deutschen Hochschulen in einem Welthochschulsystem ab. Es wird sich also die Frage stellen, ob sich das deutsche Hochschulsystem, auch zu Lasten des dualen Systems, „verberuflicht" oder ob es gelingt, das deutsche, genauer gesagt: das kontinentaleuropäische Universitätsverständnis so zu stärken, dass es eine Einflusschance auf die Entstehung eines Welthochschulsystems hat. Schließlich ist das kontinentaleuropäische Universitätsverständnis, das im Bologna-Prozess, wenn nicht geopfert, so doch erheblich beschädigt worden ist, eine wesentliche Grundlage für die modernen demokratischen Gesellschaftssysteme und die fundamentalen Menschenrechte gewesen.

Um diese Entwicklung im Hinblick auf die Rahmenbedingungen beurteilen zu können, ist indessen die Frage zu stellen, in welcher Weise die Veränderungen des internationalen Hochschulsystems Bestandteil eines Veränderungsprozesses sind, der weltweit über die hochschulische Ausbildung hinausgeht und die Globalisierung der gesamten nationalen Gesellschaften betrifft.

Hinsichtlich dieser Frage stehen sich mindestens zwei Erklärungsmodelle für die Voraussetzungen und Folgen des Globalisierungsprozesses gegenüber, die nicht unbedingt unversöhnlich sein müssen, jedoch sich unterscheiden hinsichtlich des grundsätzlichen Ausmaßes an Konvergenzmöglichkeiten:

Zum einen wird von einer erheblichen Konvergenz in universalistischen Fragen des Weltverständnisses ausgegangen, die diesbezüglich das Konzept der bürgerlichen Gesellschaft, der ökonomischen Entwicklung oder einer vernunftorientierten Gerechtigkeit und Rechtsprechung kennzeichnet. Diese Konvergenz beruht demzufolge auf einem erheblichen Maße an Konsens in Fragen der Menschenrechte, der natürlichen Ressourcen, aber auch, und das ist für den vorliegenden Zusammenhang wichtig, Konsens hinsichtlich des Verständnisses von *education* im Sinne von Bildung und Ausbildung. John W. Meyer und andere, die dieses Konvergenzverständnis von Globalisierung einer Weltgesellschaft in Gegenüberstellung zum *nation state* vertreten,[6] gehen davon aus, dass Modelle jenseits dieses Weltverständnisses über wenig Legitimität verfügen. Insofern die Grundelemente eines solchen Weltverständnisses Erziehung, Bildung und Ausbildung umschließen, hätten sie natürlich direkte Folgen für die Entstehung letztlich auch eines Weltkonzepts von Hochschule bzw. Universität. Davon abweichende Konzepte ohne Bezug auf ein gemeinsames Weltverständnis würden im Hinblick auf eine vernunftorientierte Modernität als einem universalistischen Grundtheorem als reaktionär betrachtet. In gewisser Weise kann ein solches gemeinsames Weltverständnis als Orientierung neuer, nahezu „religiöser" Eliten verstanden werden, die heute durch Wissenschaftler und Intellektuelle repräsentiert werden.

---

6 Meyer, John/Boli, John/Thomas, George M./Ramirez, Francisco O. (1997): World Society and the Nation-State. In: American Journal of Sociology 103.1 (1997), S. 144–181.

Ein sich davon unterscheidendes Globalisierungsverständnis zum anderen orientiert sich eher an empirischen Daten. Ihm zufolge könnte beobachtbar sein, dass Globalisierungsprozesse zwar auf der einen Seite Konvergenzeffekte mit sich bringen, aber gleichzeitig begleitet sind von lokalen, regionalen und nationalen Divergenzprozessen, insofern die diesen Ebenen angehörenden Institutionen die mit dem Globalisierungsprozess verbundene Unsicherheit in je spezifischer Weise „filtern".[7] Diese These ist theoretisch schon sehr früh von Norbert Elias[8] vertreten worden, der grundsätzlich von parallelen Prozessen der Globalisierung und der gleichzeitigen Regionalisierung als Erscheinung der Moderne ausging. Für das Wissenschafts- und Hochschulsystem wird diese These bedeutsam sein, da von ihr die Chance einer nicht international total homogenisierten Hochschulkultur abhängt. Dieses gilt insbesondere für Deutschland, aber auch für andere deutschsprachige Länder und in gewisser Weise auch für Hochschulsysteme in der kontinentaleuropäischen Tradition (siehe dazu später). Entsprechend gehen auch Elkana und Klöpper davon aus, dass die Globalisierung Elemente der „lokalen Kultur und Gesellschaft (Sprache, Kunst, Religion etc.), die nicht unmittelbar den Kräften der globalen Märkte ausgesetzt sind, wenig beeinflusst oder sogar deren Pflege entweder aufgrund von Abwehrreaktionen oder durch die gezielte Vermarktung von Andersartigkeit gefördert" habe.[9] Dabei stellt sich natürlich die Frage, in welchem Ausmaß überhaupt noch

---

7 Vgl. Aktionsrat Bildung (2008): Bildungsrisiken und -chancen im Globalisierungsprozess. Jahresgutachten 2008 des Aktionsrat Bildung. Hg. vom vbw – Vereinigung der Bayerischen Wirtschaft e. V., Wiesbaden, S. 19.
8 Vgl. Elias, Norbert (1969): Über den Prozess der Zivilisation. Soziogenetische und psychogenetische Untersuchungen. Zweite, um eine Einleitung vermehrte Auflage. Zwei Bände. Bern, München.
9 Elkana, Yehuda/Klöpper, Hannes (2012): Die Universität im 21. Jahrhundert. Für eine neue Einheit von Lehre, Forschung und Gesellschaft. Hamburg, S. 86.

marktfreie gesellschaftliche Zonen existieren oder umgekehrt, inwieweit durch eine Entmarktlichung solcher Zonen diese gezielt regionalisiert werden, um (auch für den Weltprozess) für unverzichtbar gehaltene Werte und Normen durchsetzungsfähig zu halten.

Wenn solche Regionalitäten aufgrund der Vermarktlichung chancenlos sind, wird die erstgenannte Globalisierungsvariante wahrscheinlicher. Dieses könnte sich zumindest in Erscheinungen spiegeln, durch die z. Zt. die meisten Hochschulsysteme gekennzeichnet sind: Die Vermehrung von Hochschulen, der rapide Anstieg von Studierendenzahlen, die Expansion von Bedeutung der Hochschulen in den Gesellschaften, die Thematisierung von immer weiteren Elementen der Kultur und Gesellschaft durch Wissenschaft, die erhebliche Vergrößerung der Zahl von Professorinnen und Professoren, kurz, die Durchdringung der Gesellschaften durch das Universitäre.[10] Dabei kann davon ausgegangen werden, dass auf diese Weise globalisierte Gesellschaften damit auch ein universales Wissenschaftsverständnis übernehmen. Dieses besteht darin zu unterstellen, dass grundsätzlich die Welt als Einheit wahrgenommen wird, die Gesetzmäßigkeiten folgt, welche grundsätzlich von jedermann verstanden werden können.[11] Es ist leicht nachvollziehbar, dass diese Unterstellung nur funktionieren kann, wenn sie gestützt würde durch die Herkunftskulturen, aus denen Universitäten und Hochschulen in den unterschiedlichen Weltregionen ihre Legitimation oder, weitergehend, ihre Theorie beziehen.

Dieses wirft die Frage auf, ob hinsichtlich eines Verständnisses der Aufgaben, Ziele und Prozesswege von Hochschule weltweit grundlegende Unterschiede beobachtet werden kön-

---

10 Vgl. Frank, David John/Meyer, John W. (2007): Worldwide Expansion and Change in the University. In: Krücken, Georg/Kosmützky, Anna/Torka, Marc (Hg.): Towards a Multiversity? Universities between Global Trends and National Traditions. Bielefeld, S. 19–44, hier S. 22.
11 Ebd., S. 28.

nen und in wieweit solche, womöglich auch geringfügige, Unterschiede sich zu großen Traditions- und Bedeutungsclustern von Universität zusammenfassen lassen. Es ist davon auszugehen, dass dieses möglich ist. Dabei können grundsätzlich unterschieden werden:

- **Erstens** ein **kontinentaleuropäisches Universitätsverständnis**, welches für die westlichen Gesellschaften ursprünglich und durch die „humanistische" Idee der Bildung durch Wissenschaft gekennzeichnet ist,
- **zweitens** ein **atlantisches Universitätsverständnis** als Transformation des kontinentaleuropäischen unter im Wesentlichen pragmatistischen Theorieannahmen und vor allem grundlegend differenten sozioökonomischen Entstehungsbedingungen und
- **drittens** ein **ostasiatisches Bildungsverständnis**, welches, historisch betrachtet, weit über tausend Jahre älter ist und aus den Reproduktionsbedingungen im Wesentlichen der kaiserlichen Dynastien Chinas resultiert, sich aber im ostasiatischen Raum ausgebreitet hat und gegenwärtig durchaus Wirksamkeit entfaltet.

Die grundsätzlich berechtigte Frage, ob darüber hinaus weitere charakteristische Universitätsverständnisse etwa für den indischen Subkontinent, für Afrika oder Südamerika angenommen werden können, ist gegenwärtig zu verneinen: Indien besaß vor der britischen Kolonisation und der Entstehung erster universitärer Einrichtungen im 19. Jahrhundert kein vergleichbares tertiäres „System" und ist insofern kolonialisiert worden. Gegenwärtig zeigen sich in Indien aber durch eine weitgehende Privatisierung des Sektors neue denkbare Bedeutungselemente, die aber weltweit noch keine Wirksamkeit entfalten. Für Afrika und den Nahen Osten muss gleichfalls davon ausgegangen werden, dass, abgesehen von den islamisch orientierten religiösen „Hochschulen", in der arabischen und islamisch beeinflussten afrikanischen Welt keine präkolonialistischen Systeme existierten. Das islamische Konzept der 988 n. Chr. gegründeten Al-Azhar-Moschee und anderer islamischer Universitäten, das noch heute fortlebt, hat grundsätzlich das Potenzial für ein eigenes, unter Umständen auch einflussreiches Hochschulverständnis. Gegenwärtig sind allerdings Adaptationsformen des atlantischen Universitätsverständnisses prädominant. Schließlich ist der Blick auf Südamerika, insbesondere Brasilien, zu richten. Einen nicht bedeutungslosen, gleichfalls religiös insinuierten Status haben zahlreiche römisch-katholisch orientierte Hochschulen, die vor und inzwischen parallel zu Adaptationen des atlantischen Systems existieren, aber aufgrund des Modernisierungsdrucks aus dem Norden kein eigenes, sich von den drei Grundverständnissen unterscheidendes Universitätskonzept mehr repräsentieren.

Hinzu tritt eine wachsende Dichotomie zwischen staatlichen und privaten Einrichtungen, die inzwischen weltweit ca. 75 Prozent der Studierenden ausbilden. Die Betrachtung größerer Weltregionen könnte fortgesetzt werden, z. B. durch das ebenfalls atlantisch geprägte australische System. Dabei würde sich die Expansivität eines utilitaristisch-pragmatistischen Begriffs hochschulischer Ausbildung fast durchgängig global zeigen lassen.

Auf der Folie dieser global vorfindbaren Gegebenheiten stellt sich, insbesondere im Hinblick auf künftige Orientierungen von nationalen Systemen wie dem deutschen, die Frage, wie sich das Verhältnis dieser drei universitären Grundkonzepte postsekundärer Bildung entwickeln wird. Es soll daher versucht werden, zunächst die generell denkbaren Systemdynamiken aufzuzeigen (1.), sodann (2.) Kategorien des Vergleichs der Systeme herauszuarbeiten, um diese dann (3.) in ihren präsentischen Formen zu vergleichen. Daran schließt sich (4.) eine Projektion voraussehbarer Entwicklungen an für den Fall, dass es auf globaler Ebene keine organisierten Interventionsformen geben wird. Diese Extrapolation geschieht unter dem Eindruck von Herausforderungen, die alle Hochschulsysteme betreffen. Sodann wird gefragt (5.), inwieweit die „naturwüchsigen" Systemdynamiken überhaupt beeinflussbar sind und durch welche Maßnahmen, um dann (6.) das Skelett einer „Welthochschule" zu zeichnen, das sich insbesondere vor dem Horizont einer Art Universitätsethik rechtfertigen müsste.

1 Dynamiken globaler sozialer Systeme

Systeme postsekundarer Bildung und Ausbildung sind soziale Systeme. Wenn sie im Globalisierungsprozess aufeinander treffen, stellt sich unweigerlich die Frage nach Möglichkeiten der Dominanz oder der Koexistenz. Dominant wird das Hochschulsystem sein, dem es gelingt, den anderen sein Medium der Kommunikation aufzuzwingen: ein erkenntnis- oder ein ökonomisch-orientiertes. Das System, dem dieses gelingt, bringt die anderen vergleichbaren Systeme zum Verschwinden, da es diesen nicht gelingt, sich so auszudifferenzieren, dass sie den dominanten Kommunikationsformen des nach Dominanz strebenden Systems eigene Stabilität entgegenhalten können.

Grundsätzlich gibt es also im globalen „Wettbewerb" um das Welthochschulsystem drei denkbare Verläufe:

Erstens können die postsekundaren Bildungssysteme bzw. die Wissenschaftssysteme koexistieren. Dieses ist solange der Fall und war der Fall, wie die drei großen Wissenschafts- und Bildungssysteme des tertiären Bereichs nicht auf Kommunikation miteinander angewiesen sind bzw. waren. Historisch galt dieses für das kontinentaleuropäische System einer „Bildung durch Wissenschaft", das historisch mit keiner Alternative konfrontiert war. Zum älteren ostasiatischen System gab es keine nennenswerten, jedenfalls nicht stabilitätsbedrohenden Kommunikationskontakte. Im Gegenteil ließ sich im 19. Jahrhundert, etwa während der Meiji-Restauration in Japan, das dortige System von dem preußischen Universitätsvorbild nachhaltig beeinflussen. In ähnlicher Weise dominierte das kontinentaleuropäische System über die Adaptation des Berliner Humboldt-Vorbilds in einer Reihe von klassischen US-amerikanischen Universitäten des 19. Jahrhunderts. Insofern kann man für die Zeit vor dem 19. Jahrhundert von einer Koexistenz der Nichtkommunikation sprechen und im 19. Jahrhundert von einer Erscheinung, die tendenziell geeignet gewesen wäre, die nicht-kontinentaleuropäischen Systeme zum Kollaps zu bringen. Dazu kam es indessen nicht, sondern insbesondere das US-amerikanische System reagierte mit intelligenter Ausdifferenzierung und schuf sich intern neue Formen, zum Beispiel die *Liberal Education*, unter dem Eindruck des Humboldtschen Allgemeinbildungsideals.

Zweitens kann in der systemischen Konfrontation ein Hochschulsystem weltweit dominant werden und die anderen subordinieren oder sogar zum Verschwinden bringen. Das kontinentaleuropäische Hochschulsystem des 19. Jahrhunderts verfolgte eine solche Absicht nicht. Vielmehr waren die ostasiatischen und amerikanischen Adaptationen Produkt einer Aktivität aus diesen Systemen heraus und nicht Produkt eines imperialistischen Gestus, der etwa aus Kontinentaleuropa gekommen wäre. Das ist, nun allerdings in Bezug auf das atlantische System, heute anders. Die USA haben sehr früh, unter anderem durch die Gründung von *American Universities*, weltweit eine Art Hochschulimperialismus betrieben und mit diesen Gründungen in unterschiedlichen Weltregionen versucht, Fuß zu fassen. Dieses frühe Konzept (die erste Gründung einer *American University* fand in Ägypten im Jahr 1919 statt) konnte nach der Weltneuordnung am Ende des Zweiten Weltkriegs fortgesetzt werden, allerdings interessanterweise nicht in Kontinentaleuropa, dessen Universitätsverständnis auf der Grundlage einer fast 1000-jährigen Geschichte stabil blieb, damit aber in Wettbewerbsprobleme gegenüber solchen Ländern geriet, die außerhalb Europas dem „American Way" folgten. Das gilt in jüngster Zeit z. B. für den Irak, für den der dortige Wissenschaftsminister, Ali Mohammad Al-Hussein Ali Al-Adeeb, um die Gründung einer zweiten American University in Bagdad neben Sulaimani mit der Begründung gebeten hat: „Students here would be broadly educated in the liberal arts and sciences, but with depth in those areas that will lead to successful careers in Iraq and the region."[1] In jüngerer Zeit setzen sich auch US-amerikanische Versuche fort, das atlantische System als Welthochschulsystem durchzusetzen. So hat der American Council on Education (ACE) unlängst eine Studie mit dem Titel *Strength through Global Leadership and Engagement* veröffentlicht, die sich der Frage widmet, „how to save the US-advantage in global higher education" und die „American higher education as a global leader" sehen möchte.[2] Die Studie analysiert die sinkenden Anteile universitär gebildeter US-Bürger im Vergleich zu asiatischen Ländern, die Abnahme veröffentlichter wissenschaftlicher Artikel zwischen 1981 und 2009 im Vergleich mit der Asien-Pazifik-Region und der Europäischen Union und identifiziert die Abnahme des Anteils internationaler Studierender am amerikanischen Anteil des Welthochschulmarkts. Diese Analyse trifft sich mit den Krisenphänomenen, die Hans N. Weiler für die amerikanische Hochschullandschaft identifiziert: eine finanzielle

---

1 Al-Adeeb, Ali Mohammad Al-Hussein (2013): „Why Baghdad Needs an American University", in: The Chronicle of Higher Education, Dec. 20, 2013, S. A 24 f.
2 American Council on Education (2011): „Strength through Global Leadership and Engagement. U. S. Higher Education in the 21st Century". Report of the Blue Ribbon Panel on Global Engagement. Washington, DC.

Krise, eine Wettbewerbskrise, eine politische Krise (Anti-Intellektualismus) und eine Sinnkrise.³

In etwas weniger aggressiver Weise veröffentlichte das US Department of Education unlängst erstmalig eine Strategie für den Bildungssektor unter dem Titel *Succeeding Globally Through International Education and Engagement*.⁴ Die Studie lässt keinen Zweifel daran, dass es darum geht, global erfolgreich zu sein, versucht aber, für die eigene Internationalisierung Benchmarking-Prozesse und Bildungsdiplomatie in den Vordergrund zu rücken, u. a. durch die offensive Strategie der Aufnahme von Bildungsexperten aus aller Welt in den Kreis der herangezogenen Experten. Es kann kein Zweifel daran bestehen, dass das atlantische Wissenschafts- und Hochschulverständnis dasjenige ist, was durch geopolitische, aber auch durch bildungsexpansionistische Prozesse in den zurückliegenden Jahrzehnten, wenn nicht anderthalb Jahrhunderten (was Großbritannien betrifft), welches die größte Verbreitung gefunden hat. Auch wenn die US-amerikanische bildungspolitische Literatur eine vor diesem Hintergrund unbegründete Besorgnis über einen möglichen Verlust der eigenen Dominanz in diesem Bereich zum Ausdruck bringt, so lässt sich zeigen, dass das atlantische Hochschulsystem durch eine Reihe von Mechanismen bereits so weitgehend dominiert, dass das kontinentaleuropäische und das ostasiatische außerordentliche Anstrengungen unternehmen müssten, um ihren Charakteristika erneut zur Weltgeltung zu verhelfen. Dafür sind mehrere Mechanismen verantwortlich:

In Bezug auf Kontinentaleuropa lässt sich feststellen, dass der Bologna-Prozess über den britischen Einfluss, sekundiert durch seit Jahrzehnten angloamerikanisch orientierte Wissen-

---

3 Weiler, Hans N. (2010): Higher Education in Crisis. Is the American Model Becoming Obsolete? Stanford.
4 U. S. Department of Education (2012): Succeeding Globally Through International Education and Engagement. U. S. Department of Education International Strategy 2012–2016. Washington D. C.

schaftssysteme etwa in Skandinavien oder in den Niederlanden, determiniert wurde. Die Einführung des Kriteriums der *employability* in der deutschen Variante der „Berufsfähigkeit", die Durchsetzung des Kompetenzbegriffs als Ziel des Hochschulunterrichts, die Einführung der Abschlüsse im Rahmen des dreistufigen Systems (BA – MA – Ph. D.) und viele andere Elemente des Bologna-Prozesses sind rein atlantischen Ursprungs. Sie kollidieren erst auf den zweiten Blick während ihrer Umsetzung mit dem kontinentaleuropäischen Hochschul- und Wissenschaftsverständnis. Es ist völlig offen, ob über die bloße Form die klassischen Wissenschaftsinhalte so deformiert werden, dass sie der Utilität am Ende geopfert sein werden. Denn dieses ist in der Tradition des Pädagogischen Realismus eines John Locke oder des Pragmatismus eines John Dewey der eigentliche Sinn von Erziehung und Bildung.

Über die Dominanz der Form des dreistufigen Hochschulsystems, aber auch über die viele Jahrzehnte andauernde Prävalenz von Ingenieur- und Naturwissenschaften, konnte das ostasiatische Bildungsverständnis des tertiären Sektors erheblich tangiert werden (s. u.). Auch hier ist völlig offen, ob die ostasiatische Verpflichtung gegenüber der sozialen Harmonie, auf die jede Form der Bildung gerichtet sein muss, eine Chance auf Bestand hat.

Die Bedrohung des kontinentaleuropäischen sowie des ostasiatischen Wissenschafts- und Bildungsverständnisses liegt in der vordergründigen Utilität begründet, die nach dem Zusammenbruch der Ost-West-Differenz durch die hohe Ökonomisierung sämtlicher Lebensbezüge Nahrung und Legitimation erfährt. Systemisch betrachtet wechselt unter dem Einfluss des atlantischen Verständnisses das Hochschulsystem seinen Kommunikationscode: Es geht nicht mehr um die Binarität von *wahr* und *unwahr* als Leitfrage wissenschaftlicher Erkenntnis, sondern um die Binarität des Wirtschaftssystems, die in dem Begriffspaar *zahlen/nicht zahlen* besteht. Vereinfacht gesagt: Ob etwas zu dem nach Dominanz strebenden, atlantischen Wissenschaftsverständnis gehört, entscheidet sich nicht vor dem Hintergrund der Frage, ob eine Äußerung wahr oder falsch ist, sondern, ob man mit ihr Geld verdienen kann oder nicht.

Aus der strukturellen Falle, die darin besteht, dass ein Hochschulsystem entweder vom Globalisierungsprozess ausgeschlossen wird oder sich unter die Kommunikationsregeln des Marktes nach atlantischem Muster begibt, führt grundsätzlich nur ein **dritter Weg**: Die Alternative bestünde darin, jenseits von Koexistenz und Dominanz einen gemeinsamen Weg eines Welthochschulsystems zu finden, der einerseits auf Konsens über ein Set von Grundregeln des Wissenschaftssystems beruht und gleichzeitig divergente Auslegungs- und Verwirklichungsformen zulässt, die der Diversität von Regionen, Milieus und kulturellen Praktiken gerecht werden. Ein solcher dritter Weg würde voraussetzten, dass die drei großen Typen der Hochschul- und Wissenschaftssysteme über eine, womöglich historisch gesättigte, Grundmenge an Übereinstimmungen in der Gegenwart und an Perspektiven für die Zukunft verfügen, auf die eine Einigung möglich wäre. Zur Beurteilung dieser Möglichkeit ist ein Systemvergleich erforderlich. Er muss entlang gleicher Kategorien erfolgen, wie beispielsweise dem Verständnis von Wissenschaft oder Lernen, und diese Kategorien müssen grundlegend insofern sein, als sie einerseits historisch bedeutsam und andererseits präsentisch und futurisch relevant sein müssen. Relevant sind sie dann, wenn sie geeignet sind, auf gemeinsame Herausforderungen aller Wissenschafts- und Hochschulsysteme mit gleichwohl nicht identischen Antworten reagieren zu können.

2 Globale Herausforderungen für den postsekundaren Sektor als Quelle des Systemvergleichs

Das einzigartige Wachstum des postsekundaren Bereichs weltweit einschließlich der gewachsenen Bedeutung von Forschung geht im Wesentlichen auf die – ja nicht unzutreffende – Suggestion zurück, dass auch ökonomisches Wachstum und Wohlstand linear mit dem Ausmaß zusammenhängen, das eine Gesellschaft oder Nation dem tertiären Sektor zuschreibt. Gleichzeitig speisen sich nahezu alle Herausforderungen der Gegenwart aus dieser Suggestion:

- das Phänomen der Massenuniversität,
- das Problem der Qualitätssicherung,
- der Erhalt der Innovationsfähigkeit des Personals, des Lehrplans, der Organisation
- die Balance von Lehren und Forschen als Aufgabe der Hochschule,
- das Problem der Zulassungsgerechtigkeit zu einem Hochschulstudium,
- die Bedeutung der Internationalisierung von Lehre und Forschung,
- die Balance von Grundlagenforschung und angewandter Forschung,

- die Aufgabenorientierung an ökonomischen, individuellen oder wissenschaftlichen Bedürfnissen,
- das Verhältnis des Staatlichen zum Privaten,
- das Verhältnis von Autonomie und Kontrolle,
- die Balance von Vollwissenschaft und Spezialwissenschaft,
- das Verhältnis von Bildung und Ausbildung,
- das Problem des „brain drain",
- der Erhalt einer Diversität der Wissenschaftssprachen,
- die Suche nach geeigneten Unterrichtsformen,
- die Überlebensfähigkeit lokal orientierter Formen von Hochschule,
- die Frage der Nachhaltigkeit,
- die wachsende Bedeutung von Instruktionstechnologien,
- das Problem der Studierendenmobilität,
- die Diversität der Lernvoraussetzungen,
- das Problem des geistigen Eigentums usw.

Bei genauerer Betrachtung lässt sich sagen, dass ein Großteil dieser „Folgeprobleme" mit der gewachsenen Interkonnektivität zwischen den Wissenschaftssystemen im tertiären Sektor und den Marktimperativen zusammenhängt. Das klassische kontinentaleuropäische Konzept der Universität besaß diese Probleme nicht, war es doch selbst bereits die Reaktion auf aufklärerische Utilitätserwartungen an die Erziehung und Bildung. Aber im Zeitalter der großen Industrie am Ende des 19. Jahrhunderts wurde das klassische Konzept einer humanen Allgemeinbildung vermehrt damit konfrontiert. Allerdings reagierte der Staat in Deutschland auf diese Herausforderungen nicht mit einer Transformation der Universitäten, sondern mit der Gründung von Ingenieurschulen und technischen Hochschulen als anwendungsnahen Einrichtungen des tertiären Sektors. Am Ende des 20. Jahrhunderts wurde in Deutschland allerdings ein bildungskritischer Schub ausgelöst, indem man der klassischen Bildungsidee vorhielt, sie betrachte die Welt nur als „Bildungsstoff".¹ Die Vielfalt dieser aus dem Ökonomisierungszusammenhang entstandenen Probleme lässt sich indessen bündeln, wenn man auf die Grundkategorien der kontinentaleuropäischen Universitätskonzeption zurückgreift. Diese Kategorien bieten sich deshalb auch als Kategorien des Systemvergleichs an:

Erstens: Die Theorie der Universität. Sie bewegt sich auf einem Kontinuum, das durch die Beantwortung der Frage des „cui bono" gekennzeichnet ist: Die Universität dient dem Individuum oder der Gesellschaft. In der marktorientierten Universität wird Innovationsforschung verlangt und Grundlagenforschung nur in dem Maße, in dem sie für genau diese Innovationen Grundlagen zu schaffen verspricht. Für die klassische Universität gab es eine einfache Lösung des Dilemmas: Weder – noch, das heißt: Die Universität dient nicht entweder dem Individuum oder der Gesellschaft, sondern beiden dadurch, dass sie der Wissenschaft dient, die ihr einziger Zweck ist. So kann unterstellt werden, dass Individuum und Gesellschaft auf nicht näher zu beschreibende Weise von dieser Wissenschaft profitieren. Dann stellen sich auch die heute vielfach diskutierten Qualitätsprobleme des Personals, des Unterrichts und der Absolventen nicht. Denn, wenn die Leidenschaft für die Erkenntnis im Mittelpunkt steht, muss man sich über Qualität keine Gedanken machen. Die erste Vergleichskategorie muss deshalb das grundlegende Verständnis von Universität sein.

Zweitens: Der Bildungsbegriff. Auf dem Kontinuum zwischen Allgemeinbildung und Ausbildung tendiert die markt-

---

1 Vgl. Blankertz, Herwig (1965): Problemgeschichtliche Vorbemerkungen zu den beiden Texten von Campe und Villaume, in: Bildung und Brauchbarkeit. Texte von Joachim Heinrich Campe und Peter Villaume zur Theorie utilitärer Erziehung, Braunschweig, S. 7 ff.

orientierte Universität in Richtung Ausbildung und Beruf. Dieses war in der klassischen Universität absolut nicht der Fall. Im Gegenteil wurden Hochschullehrer mit einer solchen Orientierung als „Brotgelehrte" verspottet. Es war deshalb auch klar, dass reproduktives Lernen dem produktiven, heute würde man sagen, „entdeckenden Lernen", nachgeordnet war. Entdeckendes Lernen ist am ehesten dadurch möglich, dass Lernende an der Forschung, eben an diesen Entdeckungen, beteiligt werden. Die heutigen Herausforderungen, die zusammenhängen mit der Standardisierung des Curriculum, mit der Frage der Internationalität der Lehrinhalte, der Unterrichtssprache und der Lehrmethoden bis hin zu der Masseninstruktion durch Massive open online courses (MOOCs) sind in ihrer Beantwortungsqualität lineare Konsequenzen aus dem jeweils gewählten Bildungsbegriff.

Drittens: Der Hochschulzugang. Wenn universitäre Unterrichtung der allgemeinen Bildung dient, ist die Frage nach der Art des Zugangs anders zu beantworten, als wenn es sich um eine Ausbildungseinrichtung handelt. Der Hochschulzugang macht deshalb die dritte Kategorie des Systemvergleichs aus. Sie ist umso virulenter, als dass demographische Entwicklungen weltweit außerordentlich unterschiedlich verlaufen. Der Geburtenrückgang in Zentraleuropa wirft deshalb das Problem der Aktivierung von „Begabungsreserven" auf, während in Systemen, in denen ein Hochschulbesuch der einzige Weg in eine berufliche Zukunft darstellt, das Problem nicht in der Knappheit des „Humankapitals" besteht, sondern in der Knappheit der Hochschulinstitutionen, um mit den wachsenden Zahlen an Bewerbern umgehen zu können. Die Kategorie des Hochschulzugangs markiert deshalb ebenso ein Kontinuum, in diesem Fall zwischen dem Zugang für alle oder nur für einige. Die Befassung mit der Frage des Hochschulzugangs impliziert dann auch die Frage der Bildungsgerechtigkeit, weil sie eine Frage nach dem gerechten Leben ist, nach der Diversität der Zugangsvoraussetzungen, der Mobilität usw. Für das Zugangsproblem hat die klassische Universität eine Lösung außerhalb ihres Systems gefunden: das Konstrukt der Hochschulreife, die im Sekundarschulsystem zu erwerben war, so dass die Selektionsfrage sich überhaupt nicht stellte. Wer das Abitur besaß, konnte studieren. Dieses Lösungsmodell für die Frage der Selektion war externalisiert. Reinternalisiert wurde das Problem erst in dem Augenblick, als die institutionellen Ressourcen nicht mehr ausreichten und in Deutschland zu einer Hilfskonstruktion wie dem *Numerus clausus* und in Ländern des atlantischen Systems zum Kriterium der Zahlungsfähigkeit gegriffen wurde.

Viertens: Hochschulautonomie und akademische Freiheit. Wenn Forschung und forschendes Lernen sich an der Logik der Wissenschaft und nicht der Gesellschaft oder des Individuums orientieren, dann bedarf die Logik der Wissenschaft eines Schutzes. Zu leicht, das wussten die Universitätsgründer am Anfang des 19. Jahrhunderts, würde sie zum Objekt diverser Interessen werden, sei es damals noch der Kirchen oder heute des Marktes. Auf dem Kontinuum zwischen akademischer Freiheit und staatlicher Kontrolle trug sich die klassische Universität deshalb mit dem Autonomiebegriff auf der Seite der akademischen Freiheit ein. Der Auflösungsmechanismus für den potentiellen Widerspruch war das Vertrauen in die Bereitschaft von Lehrenden und Lernenden, sich ausschließlich an der Norm des interessefreien Erkenntnisgewinns zu orientieren. Konsequenterweise folgte daraus das Konzept der akademischen Selbstverwaltung für die, zumindest deutschen, aber auch anderen kontinentaleuropäischen Universitäten.

Fünftens: Differenzierung im postsekundaren System. Zu den Problemen unserer Tage gehört weltweit die Frage danach, ob der tertiäre Sektor eher durch *comprehensive univer-*

sities oder durch Spezialhochschulen, orientiert an bestimmten Berufsbildern, gekennzeichnet sein soll. In ähnlicher Weise stehen sich Konzepte von lokalen und universalen Hochschultypen gegenüber. Auf dem Kontinuum zwischen der „Volluniversität", einem Begriff, der schon auf die Spezialisierung reagiert, und der Spartenhochschule, optierte das klassische System für *Universitas,* also für die Einheit der Wissenschaften in einer Einrichtung. Für die Frage des Systemvergleichs ist dieser Unterschied erheblich. Er ist selbst gleichfalls eine Funktion der universitären bzw. hochschulischen Grundaufgabe: Allgemeine Menschenbildung oder spezielle Berufsausbildung.

Sechstens: Hochschulfinanzierung. Eigentlich ließe sich die Liste der Vergleichskategorien hier abschließen, wenn nicht im Verlauf der zurückliegenden 200 Jahre eine Herausforderung Platz gegriffen hätte, die der preußische Staat mit dem Mechanismus der öffentlichen Finanzierung des gleichwohl autonomen Hochschulsystems auflöste: die Kategorie der Finanzierung. In dem Augenblick, in dem die Suggestion, ein Universitätsstudium schaffe erhebliche Vorteile auf dem Weg zu Erwerbstätigkeit und Wohlstand, erfolgreich durchgesetzt werden kann und deshalb in der Folge Massenbewerbungen für ein Studium bewältigt werden müssen, entsteht auch die Frage der Finanzierung. Die Auffassung, wonach der Staat für die Finanzierung des Bildungssystems und damit für die Zukunft der Gesellschaft wie der Individuen aufkommen muss, hält sich nur noch in wenigen Nationen. Der Auflösungsmechanismus des Kontinuums von Öffentlichkeit und Privatheit in der Form öffentlicher Finanzierung bei gleichzeitiger nicht-öffentlicher Governance des Hochschulsystems ist einer wachsenden Privatisierung des Hochschulsystems weltweit gewichen. Dazu gehört besonders die Erhebung von Studiengebühren. Im Wesentlichen ist dieses das Muster des atlantischen Universitätsverständnisses, das sich hier in Nationen durchgesetzt hat, deren Staaten allerdings über weit weniger ausgeprägte finanzielle Ressourcen verfügen, als dieses in Deutschland der Fall ist.

Die sechs Vergleichskategorien resultieren aus den Grundelementen des klassischen Universitätsverständnisses. Schon bei oberflächlicher Betrachtung lässt sich feststellen, dass sie Herausforderungen für das Welthochschulsystem geblieben sind, ohne dass allerdings nach Auflösungsmechanismen der Widersprüche außerhalb der jeweiligen Dichotomien gesucht wird. Dieses war für den kontinentaleuropäischen Universitätsbegriff konstitutiv, ausgehend von der Theorie, die die Gründung der Berliner Universität von 1810 begleitete. Durch die in ihr enthaltenen Grundlinien des Verständnisses von Universität in Deutschland, das die Organisation und die Lehrenden in weiten Teilen noch als regulative Idee begreift, entsteht hier und in den wenigen ähnlich organisierten Systemen Kontinentaleuropas nun im Globalisierungsprozess das Problem einer Art Unverträglichkeit zwischen den kontinentaleuropäischen und den marktorientierten, eher atlantisch zu nennenden, konzeptionellen Vorstellungen des tertiären Sektors. Ein Vergleich kann das Ausmaß dieser Divergenzen beschreibbar machen, bevor die Frage nach möglichen Konvergenzen perspektivisch gestellt werden kann.

3 Zur Genese der drei Systeme des postsekundaren Sektors

Während die kontinentaleuropäische Universitätskonzeption historisch gekennzeichnet ist durch die spezifischen Auflösungsmechanismen der Dichotomien bzw. Kontinua von Individuum und Gesellschaft, von Bildung und Ausbildung, von Selektivität und Offenheit, von akademischer Freiheit und staatlicher Kontrolle, von Einheit und Differenzierung im Hochschulsystem bzw. von staatlicher und privater Finanzierung, so gilt dieses für das atlantische Verständnis nicht unmittelbar.

Zwar rezipieren die schon damals teilweise fast 200 Jahre alten Universitäten in den USA am Beginn des 19. Jahrhunderts die Schriften der deutschen Universitätsklassiker wie Wilhelm von Humboldt, Fichte und Schleiermacher und auch die organisatorischen Konsequenzen daraus, dieses jedoch nicht in reiner Form. Das amerikanische, damals noch nicht so breit wie heute entfaltete Hochschulsystem, filtert gewissermaßen *sub specie realitatis* das kontinentaleuropäische Konzept über den britischen Umweg. Die klassische Referenzfigur ist John Locke und nicht der deutsche Idealismus. Das heißt, dass die Frage der Utilität von Bildung nicht nur nicht per se illegitim ist, sondern im Gegenteil zu einem Ausgangspunkt der Rechtfertigung höherer Bildung gemacht werden darf. Das gilt natürlich nicht für Universitäten wie Oxford und Cambridge oder für die der späteren Ivy League in den USA, aber für die große Menge langsam entstehender „Normal-Universitäten". Während also in Deutschland die Hochschulzugangsberechtigung extern, im Gymnasium, erworben wird und die Universität zumindest zunächst keine Berufsausbildungseinrichtung ist, entsteht zwischen dem Sekundarschulbereich, der hinsichtlich des Lebensalters viel früher verlassen wird, und dem eigentlichen wissenschaftlichen Studium der Einrichtungstyp *College,* entweder eigenständig oder als Bestandteil einer *University,* mit dem Abschlusstyp *Bachelor,* der sukzessive „verberuflicht" wird, so dass man heute an einer britischen Universität wie der University of Plymouth zum Beispiel einen *Bachelor of Surf Management* erwerben kann. In ähnlicher Weise erfüllt ein US-amerikanisches *community college* berufliche Aufgaben, wenn dort beispielsweise eine Qualifikation für *Nursing* vermittelt wird. Es darf allerdings nicht übersehen werden, dass zumindest in den USA das College-Curriculum, bestehend aus vier (und nicht wie in Deutschland aus drei) Jahren Bachelor-Ausbildung, in den ersten beiden Jahren stark allgemeinbildende Elemente enthält, also eine Orientierung an den *liberal arts.* Nach 1945 erhält dieses Element eine wachsende Bedeutung, die sich auch in der selbstgestellten Aufgabe einer *general education* spiegelt.

Es wird häufig und fälschlich angenommen, dass das atlantische Muster im ost- und südostasiatischen Raum übernommen worden sei. Auf den ersten Blick kann man zu diesem Schluss kommen, wenn man den Blick einseitig etwa auf den hohen privaten Anteil richtet, den die Lernenden bzw. die Eltern für die Finanzierung eines Hochschulstudiums einbringen. Eine solche Sicht verkennt, dass tertiäre Erziehung insbesondere in China älter ist als in Zentraleuropa oder in den USA. Zwischen 200 v. Chr. und dem 18. Jahrhundert existiert nämlich im kaiserlichen China bereits ein System von Akademien *(shuyuan),* das die kaiserliche Verwaltung mit loyalen Beamten versorgt. In der Tag-Zeit (618–906) besaßen größere buddhistische Klöster solche *shuyuan,* in denen neben Novizen und Mönchen auch Laien unterrichtet wurden. Seit dem 11./12. Jahrhundert entstanden dann gleichfalls *shuyuan* genannte, private und halb-private Einrichtungen, die dezentral und inhaltlich sehr unterschiedlich organisiert waren, in denen frei diskutiert werden konnte. Darüber hinaus existierten große staatliche Akademien, staatlich finanziert und echte Zentren der Wissenschaft.[1] Ein Studium an den Akademien ist nicht für eine privilegierte Schicht reserviert, sondern meritokratisch. Der Satz von Konfuzius, dass ein guter Schüler Beamter werden könne, gilt als eine Art *mission statement* für das chinesische „Bildungs"-System über mehr als tausend Jahre. Es ist begleitet von einem extrem strengen Prüfungssystem für die künftigen Beamten, die sich nicht nur durch Loyalität, sondern auch durch einen hohen Status allgemeiner und autoritativer Bildung auszeichnen. Das Ziel dieser Bildung ist der „Edle", der geistig und moralisch an Vorbildern ausgerichtet erzogen wird und zu einer gebildeten, aufgeklärten Führungsschicht gehört. Das Prüfungssystem im China des 17. Jahrhundert ist für den französischen und den englischen Staat so überzeugend, dass diese Konzeption der Ming-Dynastie in Europa wegen ihrer Überlegenheit übernommen wird. Geprüft wurde – schriftlich – Bildung in Gestalt von Kenntnissen in Geschichte und den kanonischen Werken, die Fähigkeit, sie nach ideologischen Vorgaben auszulegen und auf gegenwärtige Probleme anzuwenden, sowie die Fähigkeit der Kandidaten, sich angemessen in literarischem Chinesisch auszudrücken. Dieses Prüfungssystem wurde fast von Anfang an, also seit seiner Herausbildung im 11./12. Jahrhundert, von „Konfuzianern" als bloßes Abfragen von Wissen kritisiert,

---

1 Diese Darstellung folgt Hinweisen von Michael Friedrich.

dem gegenüber der „Edle" sich durch seine moralischen Qualitäten und sein rechtes Handeln auszeichne.[2]

Das ostasiatische Modell der Bildung verbreitet sich bereits im achten nachchristlichen Jahrhundert in Japan und bald in ganz Ostasien bis hin nach Singapur. Dass in diesen Ländern umstandslos hohe und höchste Studiengebühren eingenommen werden können, verdankt sich insbesondere in Japan dem Umstand, dass höhere hochschulische Bildung nicht als Gelegenheit zum Geldverdienen (und -ausgeben), sondern als ein Beitrag des Einzelnen und seiner Eltern zur Aufrechterhaltung der sozialen Harmonie (*wa*, seit dem 6. Jahrhundert auch in Japan) gewertet wird: „Self-formation via learning is an act of filial piety, child's duty to his/her parents and the duty of parents to the ancestral lineage of the family."[3]

Nur über dieses grundlegende Bildungsverständnis können viele Erscheinungen hochschulischer Bildung auch im heutigen Ostasien verstanden werden, zum Beispiel die häufig kritisierte „Prüfungshölle" im Eingang zu begehrten Hochschulen und vieles andere. Es ist der Erklärungsschlüssel und die gemeinsame Orientierung im gesamten ostasiatischen Raum geblieben, in China allerdings mit einer erheblichen Unterbrechung: Nachdem 1895 in China die erste Universität im westlichen Sinn gegründet wurde, die sich mit dem ostasiatischen Bildungsideal verband und Ausgangspunkt für eine sowohl klassische chinesische als auch weltoffene entwickelte Institution höherer Bildung in der republikanischen Ära China bis 1949 war, brach das kommunistische China mit dieser Tradition und übernahm 1952 als Folge der Revolution mehr oder weniger 1:1 das sowjetische Universitätsmodell. Während der Kulturrevolution wurden auch diese

---

2 Diese Hinweise verdanke ich (ebenfalls) Michael Friedrich.
3 Marginson, Simon (2011): Higher Education in East Asia and Singapore: Rise of the Confucian Model. In: Higher Education 61 (2011), S. 587–611, hier S. 598.

Einrichtungen völlig zerstört, so dass sich danach, 1976, die Frage nach einer Restitution stellte. Die chinesischen Reformregierungen haben seitdem allerdings nur punktuell das alte System bei einem gleichzeitigen Rückgriff auf das atlantische Hochschulverständnis wieder entstehen lassen, soweit die wesentlichen Elemente, wie z. B. die private Finanzierung, kompatibel waren. Wir haben es hier also mit einer Teilkonvergenz zu tun, die in erheblichem Maße auf Einflüsse der Weltbank zurückgeht.

Zusammengefasst lässt sich sagen, dass die drei (noch) existierenden Grundkonzepte des postsekundaren Sektors gleichzeitig durch Konvergenzen und Divergenzen charakterisiert sind: Während das kontinentaleuropäische Bildungsverständnis letztlich auf eine 2000-jährige platonisch-jüdisch-christliche Tradition zurückgreifen kann und dieses beim ostasiatischen Bildungsverständnis in fast ebenso langer Geschichte der Fall ist, stellt das atlantische Hochschulverständnis eine Art gefiltertes Derivat der kontinentaleuropäischen Tradition dar. Dieses Derivat ist allerdings durch den epochalen Verlauf des 20. Jahrhunderts mit seinen geopolitischen Restrukturierungen im Weltmaßstab teilweise aus Eigendynamik und teilweise durch eine offensive Kolonialisierungspolitik außerordentlich einflussreich geworden. Aus diesem Grunde stehen das kontinentaleuropäische wie ein ostasiatisches Universitätsverständnis heute vor der Frage, ob und in welchem Ausmaß sie eine kulturelle Identität bewahren können, die den Anspruch auf Universalität zumindest in einzelnen Kategorien des Systemvergleichs erheben kann. Durch eine differenzierte Betrachtung der Systemunterschiede in den sechs Kategorien des Systemvergleichs lässt sich der Beantwortung dieser Frage näher kommen.

4 Konvergenz und Divergenz: Gegenwärtige Systemdynamiken im postsekundaren Bereich

4.1 Theorie der Universität

Während die in Kapitel 3 geschilderten historischen Divergenzen der drei Hochschulsysteme bzw. Systeme der postsekundaren Erziehung erheblich sind, gilt dieses gegenwärtig nicht mehr unbedingt. Wenn überhaupt, dann lässt sich das klassische Universitätsverständnis vergleichen mit demjenigen, das in den gegenwärtigen *research universities* vorzufinden ist. Diese machen aber nur einen Bruchteil des postsekundaren Systems aus. So gelten in den USA beispielsweise 100 der 4 800 Hochschulen als *research universities,* in Indien sogar nur zehn von 18 000 und in China 100 von bis zu 5 000.[1] Dieses ist nicht der Fall in Bezug auf das deutsche System. Idealiter wird davon ausgegangen, dass alle rund 120 Universitäten in Bezug auf das Verhältnis von Forschung und Lehre als lehr- und gleichzeitig auch forschungsorientiert gelten. Das

---

1 Altbach, Philip G. (2011): The Past, Present, and Future of the Research University. In: ders./Salmi, Jamil (Hg.): The Road to Academic Excellence. The Making of World-Class Research Universities. Washington, D. C., S. 11–32, hier S. 12.

Humboldtsche Ideal wird, mindestens in den Selbstbeschreibungen, perpetuiert und ist auch in vielen Fächern, mit Ausnahme der rein berufsorientierten, beobachtbar. Hinzu tritt, dass seitens der Fachhochschulen in wachsendem Maße eine Forschungsaufgabe reklamiert wird. Insoweit ist der Auflösungsmechanismus für das Verhältnis von Individuum und Gesellschaft (humane Bildung durch Wissenschaft) als Orientierungsgröße der Universität weiter tendenziell funktional.

Das ist in Europa keineswegs überall der Fall. So sind mit deutschen Universitäten oder *research universities* am ehesten die französischen *Grandes Ecoles* vergleichbar, jedoch nicht normale Universitäten, die lehrorientiert arbeiten. Berücksichtigt man indessen, dass in Deutschland erhebliche Teile insbesondere teurerer Grundlagenforschung bereits seit Jahrzehnten, teilweise seit Beginn des 20. Jahrhunderts, aus den Universitäten externalisiert worden sind, dann wird deutlich, dass Forschung als klassische Klammer nur noch in eingeschränktem Maße diese Funktion erfüllen kann. Die Unterstellung einer naturwüchsig hohen Qualität über den Mechanismus der „Leidenschaft für Erkenntnis" funktioniert deswegen nicht mehr ohne Weiteres. Aus diesem Grunde brachte es die Systemlogik mit sich, Qualität auf andere Weise sichern zu wollen. Qualitätssicherungssysteme, die ursprünglich in den USA als Grundlage und Beleg für die Akkreditierungsfähigkeit von Studiengängen in insbesondere privaten Hochschulen eingeführt wurden, haben sich auf dem Umweg über die Adaptation des Akkreditierungssystems in Europa auch hier verbreitet und finden insbesondere aus Gründen der Massifizierung auch in China inzwischen Anwendung. Im Hinblick auf die Entstehung dieser Qualitätssicherungssysteme ist also eine erhebliche Konvergenz zu beobachten. Sie umfassen nicht nur die Qualität der Lehre, sondern auch die Qualitätssicherung bei der Auswahl des Personals, der Governance-Prozesse und vieler anderer Elemente.

In ähnlicher Weise unterstellen weder das kontinentaleuropäische noch das ostasiatische Modell länger, dass jede Hochschule (in Deutschland wegen ihres Forschungsanteils) als exzellent zu gelten habe. Mit der Einführung des „Exzellenzbegriffs" ist vielmehr die Grundlage für eine substanzielle Differenzierung (vgl. 4.5) geschaffen worden. Neben der Ausgliederung von Grundlagenforschung in außeruniversitäre Wissenschaftseinrichtungen gibt es spiegelbildlich im Bereich der anwendungsorientierten Forschung gleichfalls eine Externalisierung, dieses allerdings nicht nur in Deutschland, sondern auch im ostasiatischen Raum: Innovationszentren nach dem Muster des *Silicon Valley* sind sowohl in China geschaffen worden als auch in europäischen Ländern, in Deutschland beispielhaft in München-Garching oder Berlin-Adlershof. Forschung verliert damit ihre Funktion als Auflösungsmechanismus für den Widerspruch zwischen individuellen und gesellschaftlichen Interessen im Sinne von Wissenschaftsorientierung. In Deutschland ist dieser Mechanismus für die Hochschulen insofern besonders bedrohlich, als auf der einen Seite Grundlagenforschung zunehmend aus den Universitäten entfernt worden ist und nunmehr das Gleiche auch mit praxis- oder anwendungsnaher Forschung passiert, die durch ihre Marktorientierung das Wissenschaftssystem verlässt und Bestandteil des Wirtschaftssystems wird. Zugespitzt formuliert: In marktorientierten Innovationszentren findet gar keine Wissenschaft mehr statt, sondern Produktion.

In dem Maße, in dem dieses der Fall ist, entsteht ein Legitimationsdefizit: Wissenschaftspolitik läuft Gefahr, sich von den Bürgern fragen lassen zu müssen, warum sie mit ihren Steuern Produktionsinfrastrukturen im obigen Sinne finanzieren sollen. Um diesem Risiko zu entgehen, arbeiten alle drei Hochschulsysteme in ähnlicher Richtung: Innovationszentren werden in erheblichem Maße privat finanziert und damit auch determiniert. Folglich erwächst aus der (privaten) Finanzierungstatsache auch ein Anspruch auf die Bestimmung von Forschungsgegenständen. Das atlantische System federt dieses Legitimationsproblem beispielsweise dadurch ab, dass Universitäten z. B. im Rahmen ihrer Ausbildung soziale Dienstleistungen zum Bestandteil ihrer Aufgabe erklären, so dass zumindest von einem indirekten *return on investment* für die Gesellschaft ausgegangen werden kann. Dieses ist im kontinentaleuropäischen System eher nicht der Fall. Im ostasiatischen System stellt sich diese Frage nicht, weil die disziplinierte (Selbst-)Erziehung der jungen Generation ein Beitrag ihrer und der Eltern zur sozialen Harmonie per se ist.

Zusammengefasst kann für die Theorie der Universität also gegenwärtig von einer hohen Konvergenz unter dem Signet des atlantischen Systems ausgegangen werden, die durch eine Ökonomisierung von Forschung (und Lehre) gekennzeichnet ist. Forschung verliert auf diese Weise ihre „Unschuld", die sie im klassischen kontinentaleuropäischen Konzept dadurch besaß, dass sie sich nur aus der methodologischen und paradigmatischen Logik der Wissenschaften selbst heraus legitimieren musste. Für Ziele wie die Nachhaltigkeit von Wissenschaft hat dieses erhebliche Konsequenzen, da marktförmig erzeugte Produkte, auch wenn es sich um Erkenntnisse handelt, wegen des Wachstumsimperativs darauf angewiesen sind, eine möglichst kurze „Halbwertszeit" zu besitzen, damit Innovationen sukzessive in den Markt eingeschleust werden können.

Wenn es einen Weg zu einem verantwortbaren Welthochschulsystem geben soll (vgl. Kapitel 5), dann wird dieses mit dem Problem zu kämpfen haben, inwieweit zumindest neben dem Konvergenztreiber „Markt" der Konvergenzgesichtspunkt „wissenschaftliche Erkenntnis um ihrer selbst willen" restituiert werden kann. Nur dieses ist nämlich die Voraussetzung für eine erfolgreiche Etablierung und Absicherung von Grundlagenforschung, die selbst wiederum die Bedingung von Anwendungsforschung ist. Insofern muss selbst ein marktorientiertes Forschungsverständnis daran interessiert sein, Universitäten als Orte zweckfreier Wissenschaft nicht durch Anwendungsforderungen zu zerstören, sondern, im Gegenteil, zu hegen.

4.2 Der Bildungsbegriff

Die marktförmige Orientierung als Hauptmerkmal der Konvergenz im globalen Universitätsverständnis auf der Grundlage der atlantischen Spezifikation könnte die Vermutung nahelegen, dass die Aufgabe der Hochschulen in Bezug auf die nachwachsende Generation im Wesentlichen gleichfalls in einer marktförmigen Ausbildung zu einem Beruf gesehen wird. Genau diese Vermutung ist häufig Gegenstand der Kritik. Die Angelegenheit ist allerdings etwas komplexer:

Das kontinentaleuropäische System, insbesondere in seiner deutschen Ausprägung, ging davon aus, dass allgemeine Menschenbildung Hauptaufgabe der Universität sei. Die Berliner Universitätsgründer hatten die Hoffnung, dass die Beteiligung der Lernenden an der Forschung der Schlüssel für diese allgemeine Menschenbildung sein werde, und zwar durch das Medium der wissenschaftlichen Methode hindurch. Die Unterwerfung des Lernenden unter die Strenge des forschungsmethodischen Tuns, „in Einsamkeit und Freiheit", werde die erforderliche personbildende, in gewisser Weise auch disziplinierende Funktion für die jungen Menschen haben. Deshalb wurde der nach Erkenntnis strebende Wissenschaftler zum Leitbild der universitären Bildung, in der Annahme, dass die dort stattfindende Persönlichkeitsformung auch jenseits der Universität die richtige Voraussetzung für die Wahrnehmung jeder Berufsrolle sein werde. Diese Bildungsidee richtete sich sowohl auf das Individuum als auch auf die Gesellschaft. Das Individuum werde, so die bildungstheoretische Annahme, als Person „kultiviert", und die Gesellschaft profitiere in sogar globaler Weise von dem Bildungsvorgang des Einzelnen. Denn: Bildung (als Selbstbildung im Erkenntnisprozess!) werde durch die Person hindurch – im großen Maßstab gedacht – zu einer „Höherbildung der Menschheit" führen. Damit war nicht nur der für die gesamte Menschheit gewinnbringende Erkenntnisfortschritt gemeint, sondern die fortgesetzte Humanisierung der Menschheit. Diese Verbindung von individueller Personenkultivierung und kollektivem menschheitlichem Humanitätsfortschritt ist einzigartig für das kontinentaleuropäische Bildungskonzept geblieben. Es ist die Grundlage dafür, dass hochschulischer Unterricht via Forschung ebenso wie die Forschung selbst immer der Logik der Wissenschaft folgte und nicht einer externen Logik von Berufsausbildung, was im 20. Jahrhundert häufig als „Elfenbeinturm" kritisiert wurde, als man die humanistische Bildungstheorie, die dahinterstand, nicht mehr verstand.

Mit dieser Denunziation wird implicite allerdings auch schon eine Art Gegenstück bezeichnet, das im atlantischen Konzept gefunden werden kann. Diese Sicht ergibt sich schon, wenn man in Rechnung stellt, dass Universitäten außerhalb Deutschlands oder außerhalb von Teilen Europas in der Regel vom Gesichtspunkt ihrer Unterrichtsaufgabe her aufgezogen werden. Abgesehen von den *research universities* (s. o.) sind postsekundare Bildungseinrichtungen in der Regel Ausbildungseinrichtungen. Das liegt daran, was vom deutschen Standpunkt aus häufig übersehen wird, dass eine nicht-akademische berufliche Ausbildung in vielen Ländern überhaupt nicht existiert oder aber akademisiert worden ist. Für viele, besonders unter dem Einfluss des atlantischen Systems befindliche tertiäre Bereiche, heißt dieses, dass Jugendliche irgendwann zwischen dem 16. und 18. Lebensjahr den Sekundarschulbereich verlassen, um entweder berufstätig zu werden und im Anstellungsbetrieb ein *training on the job* zu erfahren, oder dass sie eine *akademische* Einrichtung des tertiären Bereichs besuchen. In den unter atlantischem Einfluss stehenden Ländern handelt es sich dabei oftmals um eine in

Colleges durchgeführte *undergraduate education,* für die allerdings auch häufig *research universities* eine eigene, meist separate *undergraduate school* bereithalten.

Bei einem Durchgang durch eine Auswahl von Ländern, die zu den drei unterschiedlichen Universitätskonzepten weltweit gehören, erschließt sich dieses sehr schnell. So bietet beispielsweise Großbritannien für die über 17- bis 18-Jährigen eine Ausbildung unter dem Titel *higher/further education* auf dem ISCED-Level 5A an, aber auch *tertiary education* auf dem ISCED-Level 5B, was in Deutschland einem mittleren Berufsabschluss auf dem Techniker- bzw. Meisterniveau bzw. auf dem Niveau von Assistentenberufen (z. B. medizinisch-technische Assistentin) entspricht. 1992 hat Großbritannien im Übrigen die damaligen *polytechnics,* eine Art Fachhochschulen, in Universitäten transformiert, so dass auch hinter dem 5A-Level sich ausschließlich berufsorientierte Ausbildungsgänge verbergen können. In ähnlicher Weise findet berufliche Ausbildung in den USA auf dem *college*-Niveau statt. Über 17jährige haben die Wahl zwischen *undergraduate programs* von Hochschulen, *junior* oder *community colleges* oder, in ganz geringem Maße, *vocational technical institutions.*

In den unter atlantischem Einfluss stehenden Hochschulsystemen ist dieses das in verschiedenen Varianten existierende Grundcharakteristikum. Bei einer gleichwohl niedrigen Studierendenquote von 26 Prozent bietet Brasilien im postsekundaren Bereich außer 190 Universitäten weitere 131 *Centros universitarios,* praktisch ohne postgraduale Angebote, und 2 004 *Facultades,* das sind kleinere Hochschulen mit wenigen Fächern, und in geringer Zahl (40) explizit beruflich ausgerichtete *Institutos federais.* Eine ähnliche berufliche Ausrichtung spiegelt sich beispielsweise für Russland nach dem Zusammenbruch des Sowjetsystems schon darin, dass das Angebot im tertiären Bereich im Rahmen eines „Föderalen Gesetzes über die höhere und die postgraduale berufliche Bildung" geregelt wird, dass also akademische und berufliche Bildung in einem Atemzug organisiert sind. Der Blick nach Asien zeigt Ähnliches: Korea hat sich explizit am atlantischen System orientiert, lässt aber erst die 19- bis 20-Jährigen in den Hochschulsektor eintreten, der gleichfalls neben den Colleges als Industriecolleges, als *junior colleges,* als pädagogische Hochschulen oder als Gesamtschulen für die Berufsausbildung anbietet. Damit besucht der überwiegende Teil eines Altersjahrgangs eine akademische Einrichtung. Nur die Facharbeiterausbildung findet außerhalb des akademischen Sektors statt.

Besonders nachdrücklich lässt sich der atlantische Einfluss im japanischen Hochschulsystem beobachten. So besucht der überwiegende Teil der Oberschulabgänger, die 73 Prozent eines gesamten Altersjahrganges ausmachen, anschließend eine Hochschule *(daigaku),* deren erster Abschluss gleichfalls nach vier Jahren durch Erwerb des Bachelor stattfindet. Im wachsenden Maße ist dies auch in China der Fall. Seit der Öffnung der Volksrepublik China bietet das Land 1 280 *junior colleges,* die auf dem Niveau 5B operieren und eine fast gleich große Zahl von Universitäten mit vierjährigen grundständigen Studiengängen. Darüber hinaus gibt es rund 1 000 Berufshochschulen mit rund 4,8 Millionen Studierenden. Obgleich die Facharbeiterausbildung daneben in über 3 000 beruflichen Einrichtungen stattfindet, kommt der außerakademischen beruflichen Ausbildung keine hervorragende Bedeutung zu. Im Jahr 2007 wurden nur etwa 7,2 Prozent aller Besucher des tertiären Bereichs in solchen außerakademischen Einrichtungen ausgebildet.

Betrachtet man demgegenüber postsekundare Bildungssysteme, die in der kontinentaleuropäischen Tradition stehen, so sind die Verhältnisse anders: In Deutschland gehen bekanntlich noch rund 40 Prozent eines Altersjahrgangs einer außerakademischen beruflichen Ausbildung nach. Frankreich bietet 2 258 Einrichtungen der *Section de techniciens supérieur* (STS) gegenüber bloß 79 Universitäten und 114 *In-*

stituts universitaires de technologie (IUT) neben weiteren fast 2 000 höheren Schulen für Ingenieure, Kaufleute und weitere Berufe.

Zusammengefasst haben wir es also in großen, in den USA in den staatlichen, Bereichen des atlantischen und des ostasiatischen postsekundaren Systems faktisch nicht mit einer akademischen Ausbildung zu tun, die derjenigen in Kontinentaleuropa, speziell in Deutschland, vergleichbar wäre, sondern mit mehr oder minder arrivierten Formen der Berufsausbildung. Dieses hat Folgen für die Curricula, deren Standardisierungsmaß wegen der beruflichen Zielvorgaben höher sein muss als im klassischen kontinentaleuropäischen System. Es hat Folgen für die Lehr-Lern-Organisation, die, teilweise schon wegen des geringen Lernalters, eher schulisch als akademisch ist, und es hat Folgen für die Auswahl des Unterrichtspersonals, das nach deutschen Maßstäben eher auf der Ebene von Oberschullehrern anzusiedeln ist. Darüber hinaus hat diese Form Konsequenzen für das Komplexitätsniveau der Unterrichtsgegenstände. Sie müssen folgerichtig eher praxis- und anwendungsorientiert sein.

Indessen: Die denkbare Annahme, eine *undergraduate education* im atlantisch beeinflussten System sei allgemeinbildungsfrei, ist falsch. Schon sehr früh, zu Beginn des 20. Jahrhunderts spätestens, wurde im US-amerikanischen System die Idee einer *liberal education,* die auf das Konzept der *septem artes liberales* zurückgriff, (re)integriert. Und nach dem Ende der zweiten großen Kriegskatastrophe des 20. Jahrhunderts lässt sich in amerikanischen Hochschulschriften immer wieder die Rhetorik hinsichtlich einer allgemeinbildenden Funktion der Universitäten finden, wenn das Bildungsziel beispielsweise 1945 für die Harvard University so formuliert wird, dass sie ihren Absolventen ein „life as a responsible human being and citizen" ermöglichen soll. Noch 2007 entscheidet sich Harvard für die Einführung eines *New General Education Curriculum* unter besonderer Betonung der Geisteswissenschaften.² Dabei darf allerdings nicht übersehen werden, dass das Verständnis von *liberal education* eine andere Ausprägung als im kontinentaleuropäischen Modell erfährt: Während in Europa Allgemeinbildung im Vertrauen auf die Wahlfähigkeit der Lernenden so konzeptioniert wird, dass sie selbst über die Gegenstände ihrer Bildung entscheiden (Bildung ist immer Selbstbildung!), ist das Konzept von *liberal education* in den Institutionen der *undergraduate education* in erheblichem Maße kanonisiert. Das gilt sowohl für den Kanon der „allgemeinbildenden" Fächer als auch für die einzelnen Gegenstände des Curriculum. Der dort stattfindende Unterricht hat eine größere Ähnlichkeit mit dem Unterricht in der ehemaligen gymnasialen Oberstufe in Deutschland vor 1975. Kirby zeigt, dass die wachsende Bedeutung der *liberal education* inzwischen auch China ergriffen hat:

What is encouraging about Chinese higher education today is the independent understanding that the general education of China's students – in the arts and humanities as well as the sciences and social sciences – will be as important to their, and all of our, futures, as will be their specialized, professional training.³

Chen Xin beschreibt darüber hinausgehend, wie in China nunmehr neue Programme mit einem *liberal education curriculum* an Universitäten wie der Peking-Universität oder der Fudan-Universität in Shanghai errichtet worden sind, durchaus im Bewusstsein einer ostasiatischen Tradition. Xin zeigt, dass dieses Konzept als *cultural education* bezeichnet wird und Basiswissen in den Geisteswissenschaften, den Sozialwis-

---

2 Vgl. Kirby, William C. (2008): On Chinese, European and American Universities. In: Daedalus 137.3 (2008), S. 139–146, hier S. 143.
3 Ebd., S. 144.

senschaften, den Naturwissenschaften und der Kunst enthält.[4] Es ist dabei davon auszugehen, dass schon wegen der kanonorientierten ostasiatischen Tradition eine hinreichende Konvergenz zum atlantischen System existiert. Die Abarbeitung kanonischer Allgemeinbildungskataloge ist allerdings etwas, das, vom Standpunkt deutscher Bildungsphilosophie aus betrachtet, gerade das Gegenteil von Bildung im Sinne „allgemeiner Menschenbildung" darstellt. Adorno hat dafür aufgrund seiner amerikanischen Erfahrungen den verächtlichen Begriff der „Halbbildung" verwendet.[5]

Nach gegenwärtigem Entwicklungsstand der drei großen Hochschulsysteme lässt sich also eine hohe Konvergenz zwischen dem atlantischen und dem ostasiatischen System in Bezug auf die spezifische Verständnisausprägung von allgemeiner Bildung als *liberal education* im kanonischen Sinne ausmachen. Es muss davon ausgegangen werden, dass dieses Verständnis Platz greifen wird, wenn keine substantielle Korrektur stattfindet. Dieses geschieht im Übrigen schon über die auch in den Nicht-Naturwissenschaften sich ausbreitende englische „Wissenschaftssprache" sowie unter Umständen durch das Konzept der MOOCs, die mit einer einzigen Vorlesung Rezipienten bis hin zu siebenstelligen „Kundenziffern" erreichen können. Insofern ist vor einem akademischen Neokolonialismus zu warnen, der im Gewand durchaus humanitärer Zielvorstellungen faktisch keine Persönlichkeiten entstehen lässt, die durch die „Hingabe an die Sache" (Schleiermacher, Horkheimer) gebildet werden, sondern das standardisierte „Allgemeine" in sich selbst mimetisch abbilden.

---

4 Xin, Chen: Social Changes and the Revival of Liberal Education in China since the 1990s. In: Asia Pacific Education Review 5.1 (2004), S. 1–13, hier S. 5.
5 Vgl. Adorno, Theodor W. (1998): Theorie der Halbbildung (1959). In: (ders.): Gesammelte Schriften. Band 8: Soziologische Schriften. Hg. von Rolf Tiedemann. Unter Mitw. von Gretel Adorno. Darmstadt, S. 93–121.

4.3 Der Hochschulzugang

Im kontinentaleuropäischen Hochschulsystem stellte sich das Problem der Zugangsgerechtigkeit zur hochschulischen Bildung nicht. Die Zahl der an einer solchen Bildung Interessierten betrug nicht mehr als ein Prozent eines Altersjahrgangs. Sie hätte vielleicht unter anderen sozialen Verhältnissen größer sein können, da aber der Broterwerb nicht im Mittelpunkt des hochschulischen Selbstverständnisses stand, wäre auch unter anderen sozialen Verhältnissen mit Bewerbermassen nicht zu rechnen gewesen. Insofern wird der Hochschulzugang erst in dem Augenblick zu einem Problem, in dem das Hochschulstudium mit dem Versprechen verknüpft wird, Vorteile im Erwerbsleben genießen zu können. Das ist natürlich dann der Fall, wenn der Zusammenhang zwischen dem hochschulischen Bildungssystem und dem Beschäftigungssystem nicht mehr lose, sondern eng gekoppelt ist. Ein solcher Zusammenhang entstand zumindest an der Oberfläche in den 60er und 70er Jahren des zurückliegenden Jahrhunderts durch die Suggestion einer Aktivierung von Begabungsreserven vor dem Hintergrund des so genannten „Sputnik-Schocks". Hinzu kam das Phänomen der geburtenstarken Jahrgänge. Nicht zufällig traten Studienplatzengpässe zuerst in den Fächern auf, die eine engere Kopplung an ein Berufsbild versprachen, das noch dazu mit höheren Einkommenschancen verknüpft war: Medizin, Veterinärmedizin, Pharmazie, Betriebswirtschaft, usw. Kämpfe um Studienplätze in Ägyptologie sind nicht wahrscheinlich.

Das mit dieser Entwicklung verbundene Problem der Zugangsgerechtigkeit zu einem als Berufsausbildungssystem teiltransformierten Hochschulsystem ist in den drei Grundkonzepten des postsekundaren Sektors ganz unterschiedlich gelöst worden. Die Extremform stellt die deutsche Variante des kontinentaleuropäischen Systems dar: Durch die verfassungsrechtliche Verbindung des Rechts auf freie Berufswahl mit dem Recht auf freie Studienplatzwahl entstand die Notwendigkeit, ein „chancengerechtes" Selektionsmodell zu entwickeln. In einem gebührenfreien Studium ist dafür der *Numerus clausus* als Modell der Bestenauslese gewählt worden. Dieses Prinzip der Bestenauslese hat sich in den zurückliegenden Jahrzehnten offensichtlich als verfassungskonform erwiesen.

In den anderen Ländern Kontinentaleuropas, aber schon gar nicht im atlantischen System, wäre ein vergleichbares Problem vorfindbar. Der Hochschulzugang wird dort über einen doppelten Mechanismus geregelt: Über die Eignungsselektion aufgrund von Tests sowie über teilweise extrem hohe Studiengebühren, die die Bewerberzahlen ohnedies sinken lassen. Dieses Verfahren konvergiert auch schon historisch mit den Zulassungsmethoden im ostasiatischen System: Ein guter Schüler, und nur er, hat eine Chance, die in China auch ausdrücklich als einmalige Chance qualifiziert wird. Ähnliches gilt für Japan mit seiner „Prüfungshölle". Für spätere Abnehmer ist deshalb weniger der spezifische Abschluss an einer renommierten Hochschule relevant als der Umstand, dass einem Arbeitsplatzbewerber in jungen Jahren der Zugang zu einer renommierten Universität gelang, dass er oder sie also hart genug war, extreme Belastungen auszuhalten.

Auch in Hochschulen des ostasiatischen Systems treten, wie gezeigt, erhebliche Gebührenbelastungen für die Kindeseltern hinzu. Diese wirken dort allerdings nicht selektiv, da verantwortungsbewusste Eltern und Verwandte umstandslos bereit sind, ihre Arbeitskraft für den gesamten Rest ihres Lebens der Schuldentilgung zu widmen, die mit dem Studium ihres Kindes oder ihrer Kinder verbunden ist. Das Verschuldungsproblem ist im Übrigen auch eines der US-amerikanischen Absolventen. Die Gesamtverschuldung der jungen Menschen beträgt dort inzwischen 1,058 Billionen Dollar

(Stand 2012).[6] Während dort also eine hohe Konvergenz existiert, ist dieses in Bezug auf Kontinentaleuropa nur teilweise der Fall. In Großbritannien wurden unlängst die Gebührenforderungen der Hochschulen für ein Studium in extremer Weise vervielfacht und auf diese Weise faktisch die Geisteswissenschaften vernichtet, da sie keinen unmittelbaren Berufsprofit abzuwerfen scheinen.

In dem Maße, in dem ein Hochschulstudium tatsächlich bessere (oder überhaupt) Chancen auf dem Arbeitsmarkt bietet, verschärft sich die Gerechtigkeitsfrage in Bezug auf den Hochschulzugang. Fakt ist, dass in China das Problem einer wachsenden Ungleichheit registriert wird,[7] da auch unter größten Anstrengungen Arbeiter aus den Nicht-Küsten- und Industrieregionen ihren Kindern ein solches Studium als Zugang zu einem besseren Leben nicht gewähren können. Es stellt sich deshalb die Frage, ob und wie lange der ungleiche Zugang über Zugangsprüfungen legitimiert werden kann. Immerhin ist dieses in Japan und ähnlich in anderen ostasiatischen Ländern erstaunlicherweise zumindest bei den „besseren" Hochschulen noch immer der Fall. Ausbildung wird als Aufgabe und Pflicht der Kindeseltern und nicht der gesamten Gesellschaft gesehen, obgleich diese davon in gleicher Weise profitiert wie das Individuum. Das gilt in vergleichbarer Weise auch für die atlantische Universitätskonzeption. Das US-amerikanische Hochschulsystem ist allerdings in der Lage, durch Stipendien für mehr als 50 Prozent der Studierenden Ungleichheitseffekte zumindest für gleich „Begabte" aufzufangen.

Obgleich man Anderes annehmen könnte, ist das Pro-

---

6 Michler, Inga (2013): „Aus dem Studium in den Ruin", in: Die Welt vom 05. 01. 2013, S. 21.
7 Vgl. Henze, Jürgen/Zhu, Jiani/Xu, Binyan (2013): Perspektiven der Entwicklungsdynamik im chinesischen Hochschulwesen. In: Buck, Marc Fabian/Kabaum, Marcel (Hg.): Ideen und Realitäten von Universitäten. Frankfurt a. M., S. 53–81, hier S. 59.

blem der Zugangsgerechtigkeit in Deutschland trotz Abwesenheit von Studiengebühren nicht gelöst, da die Landesregierungen im Auftrag des Souveräns nicht bereit sind, die Kosten für alle Bewerber und Bewerberinnen zu übernehmen, die eine Hochschulzugangsberechtigung besitzen. Das Problem wird sich verschärfen, wenn von der erweiterten Hochschulzugangsberechtigung für Berufstätige in erheblichem Maße Gebrauch gemacht werden sollte. Die womöglich von vielen Politikern gehegte Erwartung, das Problem werde sich durch die demografische Abwärtsentwicklung in Deutschland lösen, trügt, wenn gleichzeitig Zugangsbarrieren weiter fallen und parallel dazu die (falsche) Suggestion aufrecht erhalten wird, das Hochschulstudium liefere normalerweise eine Berufsausbildung, oder wenn, wie es das Ziel der deutschen Ausprägung des Bologna-Prozesses ist, die deutschen Hochschulen tatsächlich zu Berufsschulen transformiert werden sollten. Zusammengefasst lässt sich deshalb sagen, dass sich für alle drei Hochschulsysteme die Zugangsgerechtigkeitsfrage, wenngleich auf unterschiedliche Weise, intensiv stellen wird.

Zusammengefasst ist zu konstatieren, dass sich auch im Hinblick auf den Hochschulzugang eine erhebliche Divergenz zur deutschen Variante der Regelung zeigt: In Deutschland ist der Selektionsmechanismus Geld wegen des Wegfalls von Studiengebühren weitgehend bedeutungslos (geworden), und die Leistungsvoraussetzungen wurden erheblich liberalisiert. Demgegenüber sind das atlantische und das ostasiatische System konvergent im Hinblick einerseits auf das Medium Geld als privater Finanzierungsnotwendigkeit eines Studiums und andererseits auf teilweise erhebliche (Vor-) Leistungserwartungen, die in umfangreichen Auswahlprozeduren erhoben werden.

4.4 Hochschulautonomie und akademische Freiheit

Besitzen die Träger der drei Grundsysteme des postsekundaren Bereichs Vertrauen in eine adäquate Wahrnehmung der Funktionen durch das wissenschaftliche Personal, und besitzen sie Vertrauen in die Lernbereitschaft der Studierenden? Die Antwort heißt heute für fast alle Systeme: Nein.

Für das atlantische und ostasiatische System ist dieses nicht weiter verwunderlich. Wenn, abgesehen von *research universities*, Forschung – und damit Erkenntnisgewinn – gar nicht Gegenstand der hochschulischen Tätigkeit ist, sondern berufliche Ausbildung, dann fehlt der vertrauensgebende Mechanismus „Leidenschaft für Erkenntnis". Ein britischer und ein amerikanischer Professor oder eine Professorin, der oder die an einer Provinzuniversität oder einem *community college* unterrichtet, sind ganz gewöhnliche Arbeitnehmer. Ihnen kommt keine hervorgehobene gesellschaftliche Bedeutung zu, wie dieses für die Gelehrten des deutschen Universitätssystems noch bis in die 60er Jahre des 20. Jahrhunderts galt. Das atlantische System kennt deshalb auch keine dem kontinentaleuropäischen System vergleichbare Form der akademischen Selbstverwaltung, die die Durchsetzung der Interessen der Beschäftigten garantiert. Ihre Interessen werden in der Regel vielmehr durch Gewerkschaften innerhalb der unternehmensähnlichen Einrichtungen wahrgenommen wie in jedem anderen Produktionsbetrieb auch. Schon gar nicht wirkt das in den 1970er Jahren in Kontinentaleuropa, insbesondere in Deutschland, eingeführte Modell der *Gruppenuniversität* mit Beteiligungsrechten für Professoren, wissenschaftliche Mitarbeiter, nichtwissenschaftliche Mitarbeiter und Studierende. Dieses gilt selbst für Forschungsuniversitäten *(research universities)* nicht. Altbach stellt deshalb lakonisch fest: „Research universities cannot be democratic; they recognize the primacy of merit, and their decisions are based on a relentless pursuit of excellence."[8]

Das Diktat einer marktorientierten Berufsausbildung wie das Diktat einer ebenso orientierten Forschung, noch dazu unterschiedliche Interessen unterschiedlicher Gruppen in einer Einrichtung des tertiären Sektors, erlauben aus atlantischer Sicht keinen „demokratischen" Handlungsimperativ. Das ist in den unter dem ostasiatischen Modell arbeitenden Nationen und ihren Universitäten nicht anders. Hier tritt allerdings die Autorität des Lehrenden zu den Marktdiktaten hinzu. Vereinfacht formuliert: Professoren haben schlicht recht, und es gibt nichts zu diskutieren. Das gilt in beiden nicht-kontinentaleuropäischen Systemen, *mutatis mutandis,* natürlich auch für die Curriculumgegenstände, deren Angebot ebenso unfrei ist wie das der Auswahl durch die Lernenden, und es gilt wegen der Finanzierungsnotwendigkeiten auch für die Auswahl der Forschungsgegenstände durch die Forscher. Forschungsmittel resultieren in erheblichem Maße aus privaten und staatlichen Aufträgen, womit die Freiheitsfrage beantwortet ist. Sie besteht allenfalls darin, sich entscheiden zu können, nicht zu forschen. Das Risiko eines *downgradings* in den jährlich zu verhandelnden Gehältern ist allerdings erheblich und für die nicht-*tenured*-Hochschullehrer(innen) sogar existenzbedrohend. Der ostasiatische Hochschulraum, besonders in seiner jüngsten chinesischen Ausprägung, unterscheidet sich vom atlantischen darin nicht. Er ist durch eine gewachsene „Akzeptanz von marktgesteuerten Regulierungsprozessen"[9] gekennzeichnet.

Diese Erscheinung beginnt auch im kontinentaleuropäischen Raum um sich zu greifen. Während noch in den 1970er Jahren in der großen Zahl der Fächer Hochschullehrer und

---

8 Altbach (2011), S. 16.
9 Henze/Zhu/Xu (2013), S. 53.

Hochschullehrerinnen mit ihrer Grundausstattung hinreichend forschungsfähig waren, sind sie dieses heute nicht mehr. Bestenfalls können sie auf der Grundlage ihrer Grundausstattung Anträge für Forschungsprojekte in den großen programmorientierten Ausschreibungsprozessen von Ministerien, Stiftungen und Unternehmen generieren, oder sie müssen sich der zwar weitgehend inhaltlich nicht determinierten Bewertung von *Peers* im Rahmen des Auswahlsystems der Deutschen Forschungsgemeinschaft unterwerfen, deren Bewilligungsquote bei selbst exzellent bewerteten Anträgen kontinuierlich sinkt. Im Forschungsbereich ist deshalb eine kontinuierliche Abnahme von Freiheitsgraden zu beobachten, zumal die *Peers,* schon wegen ihrer eigenen Einbindung in den selbst marktorientieren Mainstream ihrer Wissenschaften, unbewusst zunehmend dazu neigen müssen, mainstreamorientiert zu urteilen.

Dass darüber hinaus die individuellen Freiheitsgrade von Lehrenden wie von Lernenden durch den Bologna-Prozess und die Suggestion der Berufsausbildung in erheblichem Maße eingeschränkt worden sind, liegt auf der Hand. Heute unterrichtet ein Hochschullehrer nicht mehr primär aus seinem Forschungsgebiet, sondern – im besten Fall – aus den Forschungsgebieten anderer oder aus Lehrbüchern.

Der erheblich eingeschränkten „akademischen Freiheit" des Personals wie der Lernenden steht umgekehrt proportional ein Autonomiegewinn der Institution als Ganzer gegenüber. Insofern haben wir es mit einer doppelten Konvergenz zu tun: Freiheitsverluste auf individueller Ebene, Freiheitsgewinne im kollektiven Maßstab der Organisation. Für die kontinentaleuropäische Tradition in besonders ihrer deutschen Ausführung war dieses nichts Besonderes. Der preußische Staat versuchte, sich so weit wie möglich aus dem wissenschaftlichen Tun herauszuhalten, band aber die Gelehrten durch die Verleihung des Beamtenstatus an ihre Loyalität gegenüber dem Staat. Dieses Modell entlehnte die preußische

Konzeption dem ostasiatischen Vorbild.[10] Die Distanz zwischen Staat und Universität war also staatlich gewollt.

Dieses gilt nicht unbedingt für das atlantische System. Die kritische Distanz des amerikanischen Hochschulwesens gegenüber dem Staat resultiert aus der Modellierung des Hochschulsystems als eines zumindest teilweise privaten Unternehmenssystems. Da nach der amerikanischen Wirtschaftsverfassung der Staat nur sehr begrenzte Einwirkungsmöglichkeiten auf Produktionsbetriebe hat, Universitäten aber in ähnlicher Weise als *managerial universities* konzipiert sind, entfällt eine wirksame Einflussnahme auf das hochschulische Geschehen. Selbst die Qualitätskontrolle und die „Fachaufsicht" sind im amerikanischen System in gewisser Weise durch die Verlagerung auf Akkreditierungsagenturen „privatisiert" worden. In jüngster Zeit, unter dem Einfluss der Obama-Administration, ist aber eine, wenn auch noch geringfügige, Korrektur zu beobachten. Insofern ist die erste Publikation einer Strategie für den tertiären Sektor durch ein amerikanisches Bundesministerium fast ein Tabubruch.[11]

Im ostasiatischen System sind die Verhältnisse nicht einheitlich, schon aufgrund der zumindest in China abweichenden politischen Verhältnisse. Hier war bis vor kurzem eine zentralistische Detailsteuerung der Normalfall. Die womöglich berechtigte Befürchtung bestand seinerzeit in der Entstehung eines chaotischen Prozesses, der nicht nur für die öffentliche Bildung befürchtet wurde. In jüngster Zeit scheint die chinesische Öffnungspolitik allerdings zwei Elemente mit sich zu bringen: einen Übergang von einer Staatskontrolle zu einer Staats-Supervision und eine Dezentralisierung von Verantwortung auf kleinere politische Einheiten in Form von Provinzen und Regionen, die dann allerdings wieder zu Detailsteuerung neigen.

---

10 Vgl. Marginson (2011), S. 596.
11 US Department of Education (2012).

Zusammengefasst lässt sich also sagen, dass im Gegensatz zu der erheblichen Konvergenz bei der Einschränkung individueller Freiheitsrechte im Hochschulbereich in allen drei Systemen im Hinblick auf die Autonomie der Organisationen die Lage eher als unübersichtlich bezeichnet werden muss. So gibt es Liberalisierungs- und Dezentralisierungserscheinungen in Ostasien, in den USA und in Großbritannien. Im Gegensatz dazu gibt es Versuche staatlicher Steuerung, in erheblichem Maße in Großbritannien als Ur-Land des atlantischen Systems und in Kontinentaleuropa. In etlichen Ländern existieren „Re-Etatisierungsversuche", zumindest dort, wo hochschulpolitische Verantwortung von eher staatsinterventionistisch orientierten politischen Parteien übernommen wird wie in der Russischen Föderation oder in der Mehrzahl der deutschen Bundesländer, soweit die Verantwortung dort in sozialdemokratische Hände übergegangen ist. Aber auch konservative Administrationen sind nicht frei von der Versuchung, den postsekundaren Sektor, vor allem unter dem Gesichtspunkt seiner Neuorientierung als Berufsbildungseinrichtung, erneut fachaufsichtlich steuern zu wollen. Dieses geht allerdings eher auf Steuerungsinteressen von Ministerialbeamten als auf solche aus dem politischen Feld zurück. Folglich unterscheiden sich die Steuerungsimperative zwischen den drei Hochschulsystemen, insofern in Deutschland Partizipation im Mittelpunkt steht, im atlantischen Raum Exzellenz als Movens und im ostasiatischen die Autorität des Lehrers als Vertreter der Staatsautorität wie im Deutschland des 19. Jahrhunderts.

4.5 Differenzierung im postsekundaren System

Solange in Europa die Universität eine einheitliche Einrichtung *(Universitas!)* für die Erkenntnissuche und -vermittlung war, stellte sich die Differenzierungsfrage nicht. Dieses war allerdings schon am Ende des 19. Jahrhunderts anders, als die Marktimperative der technischen Industrialisierung andersqualifizierte Arbeitskräfte auf dem obersten Niveau erforderlich machten, als die klassische Universität sie liefern konnte. Von ihr erwartete das allerdings auch niemand. Die technischen Universitäten und die späteren Ingenieurschulen hatten eine andere Mission und existierten neben und nicht gegen Universitäten. Die beruflichen Imperative der modernen Gesellschaft erzeugten indes einen wachsenden Bedarf an sich immer weiter ausdifferenzierenden Einrichtungen des tertiären Sektors, nicht nur im technisch-industriellen Feld. So entwickelte sich eine wissenschaftliche Lehrerbildung in der Weimarer Zeit und jenseits der Nationalökonomie eine Mikroökonomie auf unternehmerischem Niveau. Die Selbstteilungsfreudigkeit der modernen Wissenschaften akzelerierte sich nach 1945 in und außerhalb Deutschlands, ganz unabhängig von der Systemzugehörigkeit, in erheblichem Maße; es entstanden neue Fächer wie die Linguistik (nicht historische Sprachwissenschaft) als Antwort auf die gewachsene Bedeutung des Sprachlichen und in zunehmendem Maße auch Bindestrichwissenschaften, in denen disziplinäre Aspekte zwei oder mehrerer Fächer verbunden wurden. Diese Art von Differenzierung spielte sich allerdings innerhalb ein und desselben Hochschultyps, der klassischen Volluniversität, ab.

Daneben schritt indessen die Ausdifferenzierung des tertiären Sektors als Ganzem voran. Paradigmatisch mag die Überführung der Ingenieurschulen der Nachkriegszeit in Fachhochschulen am Beginn der 1970er Jahre gelten. Solche Differenzierungsprozesse verdanken sich verschiedenen Umständen. Zum einen ist dafür die erhebliche Spezialisierung in Anschlag zu bringen, zum anderen aber auch, zumindest in Deutschland mit seinem meritokratischen System, der wachsende Wunsch von größeren Teilen der Bevölkerung nach einer akademischen Ausbildung, die vor dem Hintergrund der deutschen Universitätsgeschichte noch viele Jahrzehnte nach dem Zweiten Weltkrieg als reputierlich galt. In den 1970er Jahren fand ein weiterer Differenzierungsschub statt, als neben den klassischen großen und inzwischen zu Massenuniversitäten gewordenen Einrichtungen, teilweise auch als Regionalförderungsmaßnahme, kleinere Universitäten gegründet wurden. Paradigmatisch können die Gründungen im ostbayrischen Bereich von Bamberg bis Passau gelten oder zahlreiche Gründungen im Rhein-Ruhr-Gebiet. War bei der Differenzierung zwischen Universitäten und Fachhochschulen als Differenzierungskatalysator Praxis- bzw. Anwendungsnähe oder -ferne gewählt worden, so galt für die Neugründungen im Verhältnis zu den alten Universitäten am ehesten Regionalität/Überregionalität als Katalysator, zumal zahlreiche dieser Gründungen die Bereitschaft der universitätsnahen Regionen fördern sollten, Jugendliche in ein akademisches Studium zu senden.

Der dritte Differenzierungsschub wurde, wenngleich ursprünglich wohl eher unbeabsichtigt, durch den sogenannten Exzellenzwettbewerb erzeugt. Der Wettbewerb um Bundes- und im geringeren Maße Landesmittel für „exzellente" Anträge im Bereich von Graduiertenschulen, Forschungsclustern und Zukunftskonzepten entfaltete insofern eine katalysatorische Wirkung, als kleine und mittelgroße Universitäten aufgrund ihrer Ressourcen deutlich geringere Chancen in diesem Wettbewerb besaßen als die größeren und etablierteren.

Mit dieser Differenzierung ist ein Effekt erzielt worden, der im atlantischen System längst existierte. Die Differenzierung zwischen *research universities* und den übrigen Einrichtungen, insbesondere des *undergraduate*-Bereichs, ergab sich schon aus der unterschiedlichen Funktionszuweisung insbesondere in Bezug auf die Berufsausbildung. Auch im ostasiatischen System hat dieser Differenzierungsmodus Spuren hinterlassen bzw. traf auf eine schon historisch differenzierungsbereite Kultur. China, als auch im dritten Sektor wachsende Nation, hat sich mithilfe zunächst seines Netbig-Rankings einen ursprünglich für interne Zwecke gedachten *benchmarking*-Maßstab geschaffen, der *world class universities* klar unterscheidbar machen soll von der immensen Zahl von *normal universities*. Dafür war schon die Festlegung des chinesischen Bildungsministeriums auf rund 100 Universitäten im sogenannten „211-Projekt" seit 1995 und 39 Universitäten im „985-Projekt" (seit 1998) eine Vorbereitung. Die an Deutschland beobachtete katalysatorische Wirkung des Exzellenzwettbewerbs hat im Übrigen nicht nur innerhalb Europas (z. B. in Frankreich und in der Russischen Föderation) zu Nachahmungen geführt, sondern auch in China und Japan. In China tritt, ähnlich wie in Deutschland, der staatlich induzierte Differenzierungsmodus „überregional-regional" hinzu. „Elite-Universitäten" befinden sich in den küstennahen Regionen und nicht an der Grenze zur Mongolei.

Ein innerhalb des kontinentaleuropäischen Konzepts allerdings im Wesentlichen für Deutschland geltender Differenzierungsmodus ist die Unterscheidung zwischen universitären und außeruniversitären Einrichtungen. Organisationen wie die Max-Planck-Gesellschaft, die Helmholtz-Gemeinschaft, die Leibniz-Gemeinschaft und die Fraunhofer-Gesellschaft sind mächtige Forschungsorganisationen mit vergleichsweise vielfach so großen Ausstattungen wie die Universitäten. Funktional sind sie noch am ehesten vergleichbar mit solchen Ländern, die wie China oder Russland unter sowjetischen Bedingungen Forschungsfunktionen in staatsnahen Großakademien wahrnehmen ließen. Ein solches System ist in der atlantischen Konzeption eher unbekannt. Hier dienen staatliche Aufträge und Forschungsaufgaben, die in Deutschland auch zusätzlich noch in Ressortforschungsinstituten von Ministerien wahrgenommen werden, eher als Finanzierungssäule der staatlichen, aber auch der privaten Universitäten.

Während sich im atlantischen System wegen der hohen Typenvarianz die Differenzierungsfrage gegenwärtig nicht (mehr) stellt, unterscheidet sich dieser Zustand von demjenigen im asiatischen Raum. Hier wird, insbesondere in China, allerdings auch aus reputativen Gründen, eine massive Differenzierung zwischen *normal universities* und Eliteuniversitäten im Weltmaßstab vorangetrieben. Insofern existiert eine Konvergenz zum kontinentaleuropäischen System, wenngleich die Form des Wettbewerbs als Differenzierungskatalysator für das klassische europäische System undenkbar gewesen wäre. Ein Wettbewerb existierte allenfalls durch die Köpfe der Gelehrten hindurch, die auf der Suche nach Erkenntnis implicite natürlich zueinander im Wettbewerb standen. Es bedurfte keiner Ausschreibungen, um die besten Institutionen sichtbar werden zu lassen. Der Wettbewerb war, das zeigen auch die Preisschriften als „Ausschreibungen" der Fürstenhäuser insbesondere des 18. Jahrhunderts, ein Wettbewerb von Individuen.

Zusammengefasst lässt sich also feststellen, dass es, wenngleich aus unterschiedlichen Motivationen, eine Konvergenz zwischen dem heutigen kontinentaleuropäischen und dem ostasiatischen System in Bezug auf die Generierung signifikanter Differenzen zwischen Elitenbildung und Exzellenzforschung auf der einen Seite und zwischen Berufsausbildung und vielleicht eher angewandter Forschung und Entwicklung auf der anderen Seite gibt. Inwieweit diese Entwicklung auch das atlantische System affizieren kann, bleibt abzuwarten.

4.6 Hochschulfinanzierung

Auch wenn die Hochschulfinanzierung nicht zu den substanziellen Kernkategorien der drei großen Hochschulkonzepte gehört, so ist sie in jedem Fall als Rahmenbedingung für die Realisierung konzeptioneller Vorstellungen relevant. Systemvergleiche sind hier, selbst bei den „offiziellen" OECD-Zahlen, außerordentlich schwierig, da die Angaben häufig auf Selbsteinschätzungen beruhen und beispielsweise die Frage, was aus einem Budget im Hochschulbereich finanziert wird, sich von System zu System erheblich unterscheidet.

Dieses lässt sich schon unmittelbar beobachten, wenn man nach dem Anteil der Ausgaben für den postsekundaren Bereich am Bruttoinlandsprodukt fragt. Demnach geben die USA mit 2,6 Prozent des BIP (gegenüber dem OECD-Durchschnitt von 1,6 Prozent) mehr als alle anderen Länder der Welt in dieses System.[12] Aber: In den USA zählt zum tertiären Sektor, was in Deutschland zum Sekundarschulwesen gerechnet wird, d.h. die gymnasiale Oberstufe und Teile der staatlichen dualen Berufsausbildung. Im atlantischen System sind die Verhältnisse zudem alles andere als ähnlich. Im Mutterland dieses Systems, Großbritannien, beträgt der Anteil der Ausgaben für den postsekundaren Bereich zum Beispiel nur 1,77 Prozent des BIP.[13] Man kann also nicht von einer innerhalb des atlantischen Systems einheitlichen Größenordnung für die Finanzierung des Hochschulsystems sprechen. Ebenso wenig gilt dieses für die Finanzierungsquellen. Das US-amerikanische System beruht im Wesentlichen auf den drei Säulen der staatlichen Finanzierung, insbesondere durch Forschungsaufträge, der *endowments*, d.h. der Zinserträge aus dem universitären Vermögen, das sich einem ausgeprägten Spendenverhalten verdankt, sowie den Erträgen aus Studiengebühren. Das bedeutet, dass die private Finanzierung des Systems absolut vorrangig ist. Allerdings gibt es hier auch noch Unterschiede zwischen einem einfachen *community college* und den großen *research universities*. In Großbritannien steuert das System in eine ähnliche Richtung. Die staatlichen Grundmittel machen nur noch rund ein Drittel der Budgets aus, die Studiengebühren ein weiteres Drittel und die Rest-

---

12 OECD (2012): Education at a Glance 2012: OECD Indicators: United States. www.oecd.org/edu/eag.html
13 Ebd.

finanzierung wird aus Forschungsmitteln, *endowments* und anderen Quellen bestritten. Der Rückzug des Staates aus der Finanzierung ist auch ein Produkt der Weltfinanzkrise, die die US-Hochschulen insbesondere im Wertverlust ihrer *endowments* getroffen hat. Ein Blick auf das gleichfalls US-amerikanisch beeinflusste brasilianische System zeigt Unterschiede, die auf die stark katholische Prägung zurückzuführen sind: Dort werden beispielsweise keine Studiengebühren erhoben. Bei geringerer Bildungsbeteiligung ist der Anteil der Ausgaben für den tertiären Bereich allerdings auch nur 0,83 Prozent des BIP.

Lediglich in der Orientierungskultur des ostasiatischen Systems, d. h. im chinesischen System, sind die Ausgaben in den tertiären Bereich mit 1,6 Prozent durchschnittlich,[14] Tendenz steigend. An Bedeutung gewinnen Mittel der Wirtschaft und weiterhin der private Bereich in Form von Studiengebühren. Summiert betrachtet lässt sich feststellen, dass in China die Tendenz zu einer Hochschulfinanzierung zu beobachten ist, die der US-amerikanischen ähnelt: Studiengebühren, industrielle und staatliche Forschungsförderung, dort auch in „Exzellenzprogrammen", und staatliche Grundausstattung der Hochschulen mit einer ausgeprägten Differenzierung. Aufgrund des ostasiatischen Pflichtverständnisses sind die Verhältnisse in Japan, was die Finanzierung der Hochschulen durch Studiengebühren angeht, ähnlich. Die Säulen der Hochschulfinanzierung verhalten sich zueinander im Verhältnis 34,4 Prozent zu 51,5 Prozent zu 14,1 Prozent (staatliche Grundfinanzierung, Studiengebühren und Mittel der Wirtschaft). Der Finanzierungsanteil am BIP macht 1,5 Prozent aus.[15] Am höchsten im ostasiatischen Raum ist der BIP-Anteil in Korea, gleichauf mit den USA, nämlich 2,6 Prozent. Die Finanzierungssäulen bestehen aus: Staat (27,3 Prozent), Studien-

---

14 Angaben für 2010. Quelle: OECD (2012).
15 Ebd.

gebühren (47,1 Prozent) und sonstigen privaten Mitteln, insbesondere der Wirtschaft (25,6 Prozent).[16]

Das kontinentaleuropäische System unterscheidet sich von den beiden anderen teilweise erheblich, besonders, wenn man wiederum Deutschland in den Blick nimmt. Genau genommen gibt es nur eine Säule der Hochschulfinanzierung: den Staat. Studiengebühren spielen keine nennenswerte Rolle mehr, und der Anteil der Forschungsförderung aus privaten Mitteln liegt bei 27 Prozent, *endowments* sind praktisch nicht existent.[17] Der BIP-Anteil für Ausgaben in die Hochschulbildung wird von der OECD mit 1,3 Prozent angegeben.[18] Diese Notation verkennt allerdings, dass in Deutschland, anders als in allen anderen Ländern, die größten Forschungsinvestitionen nicht den Hochschulbudgets zugerechnet werden können, sondern den außeruniversitären Einrichtungen. Für diese Investitionen reserviert Deutschland fast 3 Prozent BIP-Anteil. Davon werden 1,97 Prozent für Forschung und Entwicklung im Bereich der Wirtschaft ausgegeben, 0,52 Prozent für die Forschung an den Hochschulen und 0,42 Prozent für die Forschung an außeruniversitären Forschungseinrichtungen.[19] In den anderen deutschsprachigen Ländern sind die Verhältnisse *toto grosso* vergleichbar. Dieses gilt auch beispielsweise für Frankreich, wo die Finanzierung des Hochschulsystems im Wesentlichen auf staatlichen Quellen beruht. Die relevanten Anteile betragen: Staat: 83,1 Prozent, private Investitionen: 16,9 Prozent. Forschung an den Hochschulen wird zu rund 80 Prozent aus dem vom Staat festgelegten Hochschuletat finanziert; unter fünf Prozent der Mittel entfallen auf privatwirtschaftliche Gelder.[20]

---

16 Ebd.
17 Angaben für 2010. Quelle: Statistisches Bundesamt (2012).
18 Angaben für 2010. Quelle: OECD (2012).
19 Im Jahr 2011: 2,91 Prozent. Quelle: Statistisches Bundesamt (2013).
20 Bezug auf das Jahr 2010. Le Ministère d'Ensgnement superieur et de la Recherche (2013): L'état de l'Enseignement superieur et de la Re-

Summierend lässt sich im Systemvergleich feststellen, dass, schon aufgrund der jeweils staatlichen wirtschaftlichen Verhältnisse, teilweise aber auch aus historischen Gründen, das atlantische und das ostasiatische postsekundare System die höchste Konvergenz aufweisen, wenn es um die Finanzierungssäulen geht. Die Finanzierung der beiden Systeme findet zum Teil in erheblichem Maße (zwei Drittel und mehr in den USA), zum Teil im wachsenden Maße (im ostasiatischen System) durch nicht-öffentliche Mittel statt. Diese Entwicklung hat Europa zwar tangiert, aber nicht in vergleichbarem Ausmaß erfasst. Viele Länder betrachten das Bildungssystem, und in ihm den postsekundaren Bereich, als eine soziale Errungenschaft, die folglich auch öffentlich finanziert werden muss, und sie geben den öffentlichen Interessen daran einen erheblichen Vorrang.

Konsequenterweise muss die grundsätzlich durch Studiengebühren geschaffene Zugangsbarriere im kontinentaleuropäischen System nicht durch Stipendien kompensiert werden, wie dieses in den USA in über 50 Prozent der Fälle stattfindet. Es lassen sich allerdings Tendenzen ablesen, in Nischenbereichen, insbesondere solchen der Wirtschaftswissenschaften, private Institutionen zu schaffen, die von Unternehmen (mit) gefördert werden und die die zuverlässige Personalrekrutierung erleichtern sollen. In Deutschland beträgt die Zahl solcher kleiner und kleinster privater „Hochschulen", vornehmlich im Fachhochschulbereich, inzwischen etwa 25 Prozent.[21] Das staatliche Hochschulsystem wird dadurch allerdings nicht infrage gestellt.

Es wird tendenziell schwieriger werden, im kontinentaleuropäischen System die Priorität staatlicher Finanzierung

---

cherche en France – Février 2013: http://multimedia.enseignementsuprecherche.gouv.fr/evaluation_statistiques/etat_enseignement_suprecherche/index.html (zuletzt abgerufen am 25.11.2014), S. 65.
21 Angaben für 2011. Quelle: Statistisches Bundesamt (2011).

aufrecht zu erhalten. Das gilt in besonderer Weise, wenn in Deutschland keine Umsteuerung der Trennung zwischen außeruniversitärer Forschung und universitärer Lehre und Forschung stattfindet. Die Universitäten benötigen für ihre Zukunft die Mittel, die im Wesentlichen aus Bundesquellen in erheblichem Maße in die außeruniversitäre Forschung gesteckt werden, ohne dass die Universitäten davon in nennenswerter Weise profitieren, wenn man einmal von allfälligen Kooperationen (Mitbenutzung von externen Gerätschaften gegen Zugang zu Promotions- und Habilitationsverfahren für externe Wissenschaftler) absieht. Eine Sicherung des im Wesentlichen staatlich finanzierten kontinentaleuropäischen Systems wird nur möglich sein, wenn die erforderlichen Ressourcen durch zweckgebundene Steuererhöhungen bereitgestellt werden, wenn eine Prioritätenkorrektur in den öffentlichen Budgets zugunsten des Hochschulbereichs stattfindet und wenn im Sonderfall Deutschland die Finanzierung des postsekundaren Bereichs durch den Bund einschränkungslos möglich wird.

Dieses wird die Voraussetzung dafür sein, dass Kernelemente der Substanz des kontinentaleuropäischen Systems gesichert werden und Tendenzen abgewehrt werden können, die das Hochschulsystem auf die Förderung von Natur- und Ingenieurwissenschaften reduziert. Dabei spielt die Frage der Studiengebühren eine zentrale Rolle. In dem Augenblick, wo Studiengebühren zum Normalfall werden, ist der Weg in eine reine Marktorientierung des Hochschulsystems vorgezeichnet. Denn wer Studiengebühren in erheblichem Umfang bezahlt, erwartet folgerichtig auf dem Arbeitsmarkt einen *return on investment*. In dieser Hinsicht klaffen die Verhältnisse in den Ländern am weitesten auseinander. So macht zum Beispiel in Norwegen der gesamte Anteil der privaten Finanzierung nur 3 Prozent aus, während dieser in Japan 51 Prozent und in den USA nahezu 70 Prozent beträgt.

4.7 Eigendynamik der drei postsekundaren Systeme

Was geschieht, wenn die geschilderten Trends der Konvergenz bzw. Divergenz der Systeme sich ohne ordnende Intervention fortsetzen aus einem der bisher passiven Systeme bzw. aus einer externen, globalen Perspektive? – Die Entwicklung ist relativ einfach zu extrapolieren: Das sich auf diese Weise entwickelnde Welthochschulsystem würde unausgesprochen atlantisch dominiert sein. Das bedeutet, dass ein Bildungsmarkt als organisierende Kategorie wirksam werden wird. Die Tendenzen der Finanzierung zeigen dieses sehr deutlich: Fast weltweit, mit (schwindendem) Widerstand aus den deutschsprachigen und einigen weiteren kontinentaleuropäischen Ländern, schreitet die Privatisierung des öffentlichen Gutes Bildung voran. Ein funktionierendes postsekundares Bildungssystem wird zunehmend nicht als eine öffentliche Aufgabe wahrgenommen, sondern als Ort verstanden, an dem Lernende sich für ihren Lebenslauf Vorteile verschaffen und an dem Interessensträger aus dem Produktions- und Dienstleistungsbereich Fragestellungen zur Erforschung und Entwicklung in Auftrag geben.

Dieses wird perspektivisch dazu führen, dass auch die öffentlichen Interessen an einem postsekundaren Bildungssystem zurückgedrängt werden. Diese Interessen betreffen nicht nur die gerechte Allokationschance möglichst vieler Bürger auf dem Arbeitsmarkt und eine in diesem Sinne funktionierende Marktwirtschaft, sondern auch die Möglichkeit der Welterkenntnis und -deutung sowie die humane Weiterentwicklung einer Weltgesellschaft durch die Kultivierung der nachwachsenden Generation. Dieses bedeutet, dass die Theorie der Universität sich so verändert, dass das Wissenschaftssystem sich zu einem Subsystem des Wirtschaftssystems transformiert. Mit den öffentlichen Interessen werden auch die mittel- und langfristigen Entwicklungsperspektiven den kurzfristigen Produktzyklen der Wissensproduktion und -konjunkturen untergeordnet werden müssen.

Davor schützt auch nicht die inzwischen aufgrund vielfältiger Einsichten stattfindende Wiederbelebung der allgemeinen Bildung durch die Einführung von Elementen einer *liberal education* in die grundsätzlich spezialisierten Curricula der *undergraduate education*. In der Bologna-Variante des gestuften Studiensystems ist dafür zumindest im kontinentaleuropäischen Raum gar kein Platz, weil es sich um die schlichte Übertragung der klassischen Studiengänge in das neue System handelt. Für Deutschland ist dieses deswegen besonders gravierend, weil die Entscheidung für ein fast ausschließlich sechssemestriges Bachelorstudium das Zeitbudget noch weiter einschränkt. Wesentlicher aber ist die grundlegende Differenz zwischen *liberal education* und allgemeiner Bildung durch Wissenschaft. *Liberal education* ist, entsprechend dem im atlantischen Raum bevorzugten Lernverständnis, ebenso Wissensakkumulation und Kompetenzentwicklung wie in den Spezialfächern, jetzt lediglich bezogen auf ein breiteres Fächerbündel und einen Lernkanon. Kanonische Wissens- und Kompetenzvermittlung führt indessen nicht zur Herausarbeitung einer mit sich identischen Persönlichkeit, sondern zu einer Person, die fähig ist, kulturelle Bestände zu repetieren, ohne sie im Vollzug forschenden Lernens durchgearbeitet zu haben. Vor einem Tausch des Konzepts allgemeiner Menschenbildung gegen *liberal education* als Ort kanonischen Lernens muss deshalb gewarnt werden.

Von einer unkontrollierten Konvergenz muss tendenziell auch hinsichtlich des Hochschulzugangs ausgegangen werden. Auch wenn, insbesondere in Deutschland, Studiengebühren ausgeschlossen werden, kann sich durch eine fahrlässige Permissivität bei der Gründung privater Hochschulen mit dann erheblichen Studiengebühren das Problem der Zugangsgerechtigkeit auf neue Weise stellen. Die noch vorfindbare Divergenz zwischen dem kontinentaleuropäischen Universitäts- und Hochschulverständnis auf der einen und dem der beiden anderen Systeme auf der anderen Seite im Blick auf den Hochschulzugang wäre insofern zu verteidigen.

Dieses gilt auch für das Konzept der im kontinentaleuropäischen Raum historisch verbürgten individuellen akademischen Freiheit von Lehrenden und Lernenden. Dieses darf nicht verwechselt werden mit dem atlantischen Verständnis von Hochschulautonomie, da diese die Freiheit des Einzelnen in keiner Weise absichert. Es ist denkbar, dass zum Beispiel in Deutschland mit dem Rückzug des Staates aus der Hochschulsteuerung nicht ein Freiheitsgewinn eintritt, sondern die ursprünglich staatlichen Freiheitseinschränkungen nunmehr auf Hochschulleitungen als Agenten des Staates verlagert werden. Besonders dann, wenn diese als Hochschulmanager auftreten, müssen ihnen die als private Privilegien missverstandenen Freiheitsgrade als Barrieren bei der Durchsetzung staatlicher Ziele erscheinen, die nicht mit öffentlichen Interessen identisch sein müssen.

Wenn man eine interventionsfreie Extrapolation voraussichtlicher Entwicklungen im Welthochschulsystem schließlich auf den Aspekt der Differenzierung von Institutionen im Hochschulbereich projiziert, dann dürfte sich ein erheblicher Differenzierungsschub auch im kontinentaleuropäischen System einstellen, der als Organisationskategorie zwischen oben und unten unterscheidet. Genauer: Es ist denkbar, dass reklamierte Freiheitsgrade innerhalb hochschulischer Institutionen für *world class universities, research universities* oder „Exzellenzuniversitäten" reserviert werden, indem man im Hochschulsystem scheinbar funktional differenziert, faktisch aber hierarchisch: etwa Forschungsuniversitäten versus Berufsbildungseinrichtungen oder Regionalhochschulen versus „Weltuniversitäten" oder „exzellent" versus „normal". Da eine solche hierarchisch wirksam werdende Differenzierung bei Aufrechterhaltung des grundsätzlich freien Zugangs zu einem Hochschulstudium eigener Wahl in Deutschland zumindest eine noch größere Konjunktur für die vermeintlichen „Spitzenuniversitäten" mit sich bringen muss, ist eine solche scheinbar funktionale, faktisch aber hierarchische Differenzierung geeignet, mittelfristig die für weniger reputierlich gehaltenen Einrichtungen zum Verschwinden zu bringen. Umgekehrt verlören die „Spitzenuniversitäten" aufgrund des überkritischen Zugangs ihren vermeintlich exzellenten Charakter.

Zusammengefasst lässt sich aus diesen Beobachtungen der Entwicklungstrends im Weltmaßstab annehmen, dass eine „Atlantifizierung" die wahrscheinlichste Variante ist. Aufgrund des ökonomischen Status zahlreicher asiatischer Länder muss eine prioritär marktorientierte Konzeption von hochschulischer Bildung für diese die reizvollste Alternative sein. In Europa stellt sich die Frage, ob das durch den Bologna-Prozess zusätzlich geschwächte System der wachsenden Marktorientierung des postsekundaren Sektors standhalten kann oder überhaupt will.

5 Ein Welthochschulsystem fairer Chancen?

Die Risiken einer interventionsfreien Selbststeuerung der drei Hochschulsysteme unter den Imperativen des Globalisierungsprozesses sind relativ früh in internationalen NGOs erkannt worden. So tagte beispielsweise eine „Welthochschulkonferenz" unter der Ägide der UNESCO mit dem Resultat einer *UNESCO-Welterklärung über Hochschulbildung für das 21. Jahrhundert*[1] im Jahre 1998. 2009 fand eine weitere Konferenz dieser Art unter dem Titel *The New Dynamics of Higher Education and Research* statt.[2] Beide Konferenzen brachten Papiere hervor, die von den Vertretern und Vertreterinnen aller drei Systeme mitgetragen werden konnten. Das ist nicht anders bei den *Guidelines for an Institutional Code of Ethics*

---

1 UNESCO (1998): Welterklärung über Hochschulbildung für das 21. Jahrhundert: Ausblick und Handlungsperspektiven. Angenommen von der Welthochschulkonferenz „Hochschulbildung im 21. Jahrhundert: Ausblick und Handlungsperspektiven". 9. Oktober 1998. In: UNESCO heute 1/1999, S. 74–84.
2 UNESCO (2009): 2009 World Conference on Higher Education: The New Dynamics of Higher Education and Research For Societal Change and Development (UNESCO, Paris, 5–8 July 2009. Communique (8 July 2009).

in Higher Education der International Association of Universities aus dem Jahre 2012 oder dem Text *Affirming Academic Values in Internationalization of Higher Education* derselben Organisation, ebenso aus dem Jahre 2012, oder der *Declaration of the Fifth Global University Summit*, ebenso aus dem Jahre 2012 und vielen anderen ähnlichen global intendierten Ethiken für den postsekundaren Bereich.[3]

Die Akzeptabilität für Vertreter und Vertreterinnen aller drei Weltkonzepte stellt aber genau das Problem dar. Diese Zustimmungsfähigkeit resultiert daraus, dass Elemente aller drei Systeme dort entnommen und als Ziele auf einem in der Regel hohem Abstraktionsniveau notiert werden. Durch diese Mischung aber kommt es dazu, dass einzelne Ziele und Elemente einander widersprechen. Dieses lässt sich exemplarisch am Ergebnis der *World Conference in Higher Education* der UNESCO aus dem Jahre 2009 leicht demonstrieren.[4] Wenn beispielsweise auf der einen Seite festgehalten wird, dass *Higher Education* in der Verantwortung der Regierungen stehen soll, auf der anderen Seite aber Autonomie verlangt wird, dann folgt daraus konsequent eine beobachtbare Entwicklung (vgl. 4.7), derzufolge sich der Staat zwar aus der Detailsteuerung zurückzieht, diese allerdings aufgrund der ihm zugewiesenen Verantwortung mit möglicherweise sogar strenger

---

3 International Association of Universities (2012): IAU-MCO Guidelines for an Institutional Code of Ethics in Higher Education. Online verfügbar unter: http://www.iau-aiu.net/sites/all/files/Ethics_Guidelines_FinalDef_08.02.13.pdf; letzter Zugriff am 25.11.2014; (dies.) (2012): Affirming Academic Values in Internationalization of Higher Education. A Call for Action. Online verfügbar unter: http://www.iau-aiu.net/content/affirming-academic-values-internationalization-higher-education-call-action; letzter Zugriff am 25.11.2014; Global University Summit (2012): Declaration of the Fifth Global University Summit. April 29–May 1, 2012, Chicago, IL, USA. Online verfügbar unter: http://www.engagement.illinois.edu/globalsummit2012/declaration.html; letzter Zugriff am 25.11.2014.
4 UNESCO (2009).

wirkenden Freiheitseinschränkungen auf die Hochschulleitungen überträgt. In ähnlicher Weise lässt sich nicht in einem Atemzug einerseits für *Critical Thinking* und *Active Citizenship* eintreten[5] und gleichzeitig andererseits für eine engere Verbindung zwischen Universität und Wirtschaft votieren, der dann folgerichtig abverlangt werden müsste, die eigentlich öffentlichen Ziele auch noch privat zu finanzieren.

Solche Art von Texten entsteht oft in Ministerien (z. B. die Resolution im Rahmen des Bologna-Prozesses) oder in NGOs oder auf kriteriumsfrei zusammengesetzten Weltkonferenzen, deren Teilnehmerauswahl unter Kennern nicht selten Verwunderung auslöst. Zwar sind solche Art Organisationen und Ereignisse grundsätzlich geeignet, im Übrigen interventionsfreie Globalisierungsprozesse (mit)zusteuern und ungewollte Entwicklungen zu verhindern. Dieses aber nur dann, wenn sie über eine hinreichende Legitimität in ihren Herkunftsländern verfügen, wenn sie über die Macht verfügen, allgemeine Orientierungen auch konkret umzusetzen und zu propagieren und vor allem dann, wenn sie, was nicht der Fall sein kann, unter Umständen auch in aller Klarheit Entwicklungen zurückweisen, die in einzelnen Teilen eines Welthochschulsystems zu beobachten sind. Da solche Ereignisse Orte sind, an denen Interessenträger aus den drei Grundsystemen postsekundarer Bildung ihre Positionen durchsetzen wollen müssen, können sie nicht auf distanzierten Analysen der Entwicklungen im Globalisierungsprozess beruhen. Für solche Analysen ist im Übrigen auch gar keine Zeit. Zudem ist nicht vermeidbar, dass solche Analysen jeweils vom Standpunkt eines der drei Systeme des tertiären Bereichs vollzogen werden.

Es ist deshalb die Frage zu stellen, ob zum Beispiel vom deutschen Standpunkt aus – als dem Repräsentanten und „Vater" des kontinentaleuropäischen Systems – eine Entwicklung

---

5 Ebd., S. 2.

befördert oder toleriert werden soll, wie sie beispielsweise Foskett/Maringe für 2025 voraussagen:

1. Eine Hierarchie von Hochschulen weltweit mit einer Handvoll Spitzeneinrichtungen,
2. eine Gruppe von leistungsfähigen, durchaus auch international agierenden Hochschulen, aber innerhalb des nationalen Hochschulsystems, bestehend aus etwa 200 Einrichtungen,
3. eine diverse Gruppe von Hochschulen, deren Aktionsradius im Wesentlichen national begrenzt ist,
4. Regionaluniversitäten ohne eigene Forschung.[6]

Die Autoren sagen voraus, dass die Einrichtungstypen 2–4 nicht darum herum kommen werden, zu fusionieren, um global sichtbar zu werden.[7] Dieses ist genau die Differenzierungsform, die funktional, dem Medium Geld folgend, zu erwarten ist.

Entsprechend der nahezu gesetzmäßigen Dynamik sozialer Systeme ist zu fragen, inwieweit es gelingen kann, einem künftigen Welthochschulsystem ein anderes Medium als Geld, also zahlen/nicht zahlen, zu imputieren. Die erweiterte Frage heißt: Ist es erwartbar, dass das Kommunikationsmedium wahr/falsch, das charakteristisch für das Wissenschaftssystem ist, eine Revitalisierungschance hat?

Für die Forschungsuniversitäten des globalen, aber auch des nationalen und internationalen Typus ist dieses denkbar. Die wahr/falsch-Unterscheidung aber auf Forschungsuniversitäten zu beschränken und die anderen Hochschulen einem defizienten Modus von Wahrheit und Falschheit zu überlassen, wäre leichtsinnig. Es bedarf also eines jenseits des Me-

---

6 Foskett/Maringe (2010); S. 312 f.
7 Ebd.

diums Geld bzw. des Mediums Wahrheit angesiedelten Gemeinsamen der postsekundaren Einrichtungen im globalen Maßstab. Dabei spricht nichts dagegen, dass in einem solchen Globalisierungsprozess nationale und regionale Spezifitäten erhalten bleiben oder sich sogar herausbilden, wenn über die Grundlinie Einigkeit besteht.

Dieses kann dann der Fall sein, wenn global eingesehen wird, dass neben den durch Technik und Naturwissenschaften zu bewältigenden Herausforderungen vom Typus „Energie", „Klima" usw. auch die soziale Herausforderung eines fairen Miteinanders im globalen Maßstab mindestens ebenso nach wissenschaftlichen Lösungen verlangt. Die Lösungen für diese Herausforderungen befinden sich allerdings nicht in Büchern und *occasional papers*, sondern in den Köpfen gebildeter Persönlichkeiten. Es gibt keine intelligentere Konstruktion für ein globales Wissenschaftssystem als die Verpflichtung auf eine humane Weiterentwicklung von Gesellschaft und Menschheit, wie sie im ostasiatischen Harmonieideal und in der kontinentaleuropäischen Bildungsidee angelegt war und ist. Dieses Gemeinsame ist nicht geeignet, nur auf Forschungsuniversitäten oder Eliteeinrichtungen beschränkt zu werden, sondern es ist gültig für den gesamten postsekundaren Bereich.

Buchstabiert man dieses durch die sechs fundamentalen Vergleichskategorien der drei Systeme des tertiären Bereichs hindurch, dann bedeutet die Globalisierung der grundsätzlichen Konvergenz zwischen dem ostasiatischen und dem kontinentaleuropäischen Verständnis sehr eindeutig dieses: Die Subordination des Wissenschaftssystems, ja, seine Eingliederung in das Wirtschaftssystem muss beendet werden, ohne dass dadurch der tertiäre Sektor als ganzer gefährdet wird. Dass dieses möglich ist, zeigen die europäischen Beispiele einer öffentlichen Finanzierung. Für die Länder der atlantischen Systeme ist dieses Konzept zweifellos mit der Notwendigkeit für die öffentliche Hand verbunden, mehr Geld zu generieren, um es dem Hochschulsystem zuzuweisen. Damit sind die möglichen Konfliktgegner auch schon klar benannt.

Bildung als Aufgabe der wissenschaftlichen Einrichtung darf nun nicht nur, wie in der Verwässerung des europäischen Erbes in der zweiten Hälfte des 20. Jahrhunderts geschehen, sich als Erörterungskultur missverstehen, denn Bildung ohne Wissen und Kompetenz ist wirkungslos. Im Felde der Bildungsaufgabe ist also eine Konvergenz zwischen den drei Systemen durchaus möglich, wenn die durch Wissen und Kompetenz geprägte *liberal education* eine Verbindung mit dem klassischen ostasiatischen Lernideal eingeht, das fälschlich oft als ausschließlich repetitiv charakterisiert wird, und wenn auf der Grundlage von Wissen und Kompetenz Bildung greift, weil sie im Prozess der Erkenntnissuche und -findung, auf der Basis der Strenge der Forschungsmethode erworben wurde. Im Medium der Bildung/*liberal education* ist Konvergenz im globalen Maßstab also möglich.

Es wird sehr klar, dass von dieser Möglichkeit niemand ausgeschlossen werden kann. Es gibt keine Theorie der Universität, die in ernstzunehmender Weise einen Teil ihrer Teilnehmer exkludieren würde. Das hat Folgen für die Frage des Zugangs zum Hochschulsystem und für dessen Differenzierung.

In der deutschen Bildungsphilosophie ist der Begriff Bildsamkeit als grundsätzliche Unterstellung einer Bildungsfähigkeit der Person geprägt worden. Wenn dieses zutrifft, dann lässt sich ein Ausschluss vom Zugang zum Wissenschaftssystem als Ort der Personenbildung nicht rechtfertigen, weder für den Horizont der Ansprüche des Individuums noch vor dem Hintergrund der gesellschaftlichen Interessen. Denn eine Gesellschaft kann es sich nicht leisten, ungebildete Personen in nennenswertem Umfang in einer Gesellschaft zu tolerieren: Wissen und Kompetenz ohne Bildung sind nämlich gefährlich. Daraus folgt, dass der Zugang zu höherer Bildung als Zugang zu einem institutionell nicht differenzierten System gedacht werden muss. Institutionen, in denen unterstellt wird, dass man etwas mehr oder etwas weniger gebildet sein könne, je nachdem, wie spezialisiert man ausgebildet wird, sind nicht legitimierbar. Das bedeutet für die Differenzierung im Hochschulsystem, dass zumindest in Deutschland Einrichtungen nicht in geschichteter Weise differenziert werden können, etwa nach dem Muster: je abstrakter, desto gebildeter, je anwendungsnäher, desto ungebildeter. Differenzierungen müssen innerhalb hochschulischer Einrichtungen und nicht zwischen ihnen stattfinden. Das setzt eine hinreichende Größe und Vielfalt voraus, aber auch die Aufnahme von allgemeinbildenden Bestandteilen in Studiengängen, die sich selbst als anwendungsnäher verstehen.

Vor dem Hintergrund der Entwicklungsanalyse der drei Hochschulsysteme ist sichtbar, dass diese Implikationen für Zugang und Differenzierung im atlantischen und im ostasiatischen System nicht geteilt werden. Das ostasiatische System differenziert den Zugang nach Leistungsfähigkeit, Anstrengungsbereitschaft und Finanzierungsbereitschaft durch die Eltern; letztere spielt im atlantischen System neben der Messung von Eingangsqualifikation eine besondere Rolle. Und auch hinsichtlich der Differenzierung im tertiären Sektor ist, zumindest etwa in China und Japan, eher eine interinstitutionelle als eine innerinstitutionelle Differenzierung zu beobachten. Dieses gilt tendenziell auch für das atlantische System, allerdings mit dem besonderen Element der in Forschungsuniversitäten, wenngleich separat, enthaltenen *undergraduate education*. Es kann aber durchaus gefragt werden, ob eine institutionelle Konvergenz weltweit überhaupt erforderlich ist, wenn Übersetzungsregeln für die Abschlüsse bestehen. Ein binnendifferenziertes Hochschulsystem verfügt grundsätzlich nicht über weniger Legitimität als ein interinstitutionell differenziertes – im Gegenteil. Soziale Unterschiede werden nicht schon durch die bloße Zugehörigkeit zu dem einen oder anderen Hochschultyp dokumentiert und zementiert. Ebenso wenig gibt es die Notwendigkeit, den Zugang zum Hochschulsystem global zu regeln. Wenn eine Bildungsgesellschaft wie die deutsche den Zugang nicht beim Eintritt in das Hochschulsystem differenziert, sondern beim Austritt, etwa hinsichtlich der dokumentierten Leistungen, dann enthält dieses System zumindest die Möglichkeit einer optimalen Aktivierung von Bewerbungsreserven, ein Problem, das sich in demografisch anders aufgebauten Nationen möglicherweise nicht stellt. Wenn diese allerdings über größere Zahlen von Studieninteressierten verfügen, als sie aufzunehmen willens und fähig sind, besteht für diese Länder ein erhebliches Konfliktpotenzial. Insofern spricht manches dafür, das in Kontinentaleuropa zumindest teilweise vorfindbare Prinzip eines möglichst offenen Zugangs zum tertiären Bereich zu globalisieren.

Bleibt das Thema der akademischen Freiheit respektive Hochschulautonomie, das in Verbindung mit der Theorie der Universität gesehen werden muss. Die individuelle akademische Freiheit als Freiheit des Lehrens, Lernens und Forschens hat in Deutschland mit ihrem Verfassungsrang die weitestgehende Ausprägung gefunden. In Abschattierungen davon existiert sie allerdings in weiten Teilen Kontinentaleuropas. Es ist eine globale Aufgabe, dieses Freiheitselement weltweit durchzusetzen. Von einer Konvergenz in dieser Hinsicht ist das ostasiatische System, insbesondere in China, noch weit entfernt. Aber auch in anderen Ländern einschließlich des atlantischen Raums darf die Angelegenheit nicht naiv betrachtet werden. Freiheitseinschränkungen, zum Beispiel bei der Gegenstandswahl der Forschung, sind auch schlicht dadurch möglich, dass diese nicht finanziert wird. Hinzu treten die Verschulungstendenzen, die sich auch in Europa beispielsweise durch den Bologna-Prozess ergeben haben, und die grundsätzliche Frage nach der Verfassungsgemäßheit von Lernvorschriften für Studierende sowie Lehrvorschriften für Unterrichtende. Die Suche nach Wahrheit muss weitestgehend wissenschaftsgeleitet sein und nicht verwertungsbezogen. Es bedarf in allen drei Systemen großer Anstrengungen, um den Typus breitester Freiheit auch realiter zu verwirklichen. Dabei wird es darauf ankommen, die Suggestion zurückzuweisen, mit der Einräumung von Hochschulautonomie sei dem Freiheitsbedarf genüge getan, weil es nichts miteinander zu tun hat, sondern sich eher umgekehrt proportional zueinander verhält. Beides wird benötigt: die Freiheit des Einzelnen und die Autonomie der Organisation, wenn Wahrheitssuche und -findung von den erforderlichen Voraussetzungen ausgehen sollen.

Die Sorge des Staates vor einem Missbrauch individueller wie institutioneller Freiheit, die ihn davon abhält, beides zu gewähren, muss allerdings ernst genommen werden. Es steht außer Frage, dass Missbrauch möglich ist, sowohl in der harmlosen Variante schlicht der Untätigkeit von Lehrenden wie Lehrenden, die auf die Zweckentfremdung öffentlicher Mittel hinausläuft, aber auch in der Variante einer a- oder antisozialen Orientierung. Wenn der Staat das in Preußen konstituierte Vertrauen in Wissenschaft haben soll, dann muss dieses Vertrauen auch gerechtfertigt sein. Durch die Vermassung des Hochschulsektors sowohl in Bezug auf die Zahlen von Lehrenden als auch Lernenden kann nicht mehr blind von einem adäquaten Gebrauch von Freiheit ausgegangen werden. Die Variante, statt völliger nur ein bisschen Freiheit zu gewähren, verbietet sich, denn Freiheit ist entweder total oder nicht existent.

Es verbleibt deshalb nur die Möglichkeit, einer *ex post*-Bewertung des wissenschaftlichen Tuns in Lehre und Forschung, nicht durch eine inneruniversitäre Qualitätspolizei, sondern durch die Gemeinschaft der Wissenschaftler und Wissenschaftlerinnen selbst. Das war auch die Idee in der Stunde der deutschen Universitätsgründungen am Anfang des 19. Jahrhunderts. Ob sie gerechtfertigt war, kann sicher nicht nur anhand der prominenten Beispiele großer Gelehrter unter Beweis gestellt werden. Hier besteht allerdings auch die Chance einer intersystemischen Kommunikation mit dem Ziel größerer Konvergenz. Eine Wissenschaft ohne Kritik ist keine Wissenschaft; insofern muss es selbstverständlich sein, sich auch über die Grenzen der Systeme hinweg der Kritik zu stellen. Darin besteht im Übrigen auch eine Konvergenzchance durch, wie längst angelaufen, die globale Kommunikation. An diesem Beispiel lässt sich allerdings auch zeigen, dass Globalität sich nicht auf 200 Forschungsuniversitäten beschränken darf, sondern dass sie gerade darüber hinaus vor dem Hintergrund des Kritikbedarfs über diesen Kreis von Universitäten hinausgehen muss und das gesamte System postsekundarer Bildung zu erfassen hat. Dabei wird das Kriterium zweifellos darin bestehen müssen, die Nähe eines wissenschaftlichen Resultats zur Wahrheit zu bewerten. Ob diese sich heute allerdings darauf beschränken können, muss bezweifelt werden. Der Auftraggeber von Wissenschaft, der Souverän, hat einen Anspruch darauf zu erfahren, in welchem Maße Gesellschaft, aber auch sein individuelles Leben sich ändert, wenn die von ihm unterhaltenen Wissenschaftler so forschen und lehren, wie sie es tun. In einer Gesellschaft, in der wie am Anfang des 19. Jahrhunderts so wenig gewusst wurde, konnte man darauf vertrauen, dass Forschungsergebnisse irgendwie lebenswichtig sein würden. Das ist heute nicht selbstverständlich der Fall, wenn Wissenschaftler und Wissenschaftlerinnen beispielsweise narzistisch dazu neigen, pfadabhängig ihren Themenfavoriten nachzugehen. Insofern muss Wissenschaft im Weltmaßstab zwar von einseitigen interessengeleiteten Zwecken befreit sein, zweckfrei wird sie allerdings nicht sein können, denn unter dieser Suggestion würden sich unkontrolliert Zwecke über Nebenmechanismen wie beispielsweise die Finanzierung oder die Reputation sofort wieder einschleichen. Vielleicht sollte man zielhaft von Zweckautonomie bei gleichzeitiger gesellschaftlicher Verantwortung sprechen.

6 Konklusion

Wenn man davon ausgeht, dass die Entstehung eines Welthochschulsystems zwangsläufig stattfinden wird, diese aber nicht sich selbst überlassen werden soll, dann gelten folgende Prämissen und Folgerungen auf und für den Weg zu einem Welthochschulsystem:

1. Die Annahme, Globalisierungsprozesse liefen zwangsläufig und linear auf eine Konvergenz hinzu und führten zu einer Entropie der „Weltelemente", ist falsch.
2. Globalisierungsprozesse verlaufen vielmehr unter dem Einfluss von technischen, sozialen und kulturellen Ereignissen und Gegebenheiten so ab, dass Konvergenzen national, regional und lokal gefiltert werden, so dass durchaus neue Divergenzen entstehen können.
3. Das gilt auch für den Bereich der Wissenschaft als System. Auch wenn Wissenschaft universal unter der Unterstellung funktioniert, alles sei rational erkennbar und beeinflussbar.
4. Das Wissenschaftssystem ist im Hinblick auf die in ihm stattfindende Lehre Bestandteil des Bildungssystems. Universitäten definieren sich weltweit als Einrichtungen primär der postsekundaren Ausbildung.

5. Wenn universal konvergente Entwicklungen national, regional und lokal zu Divergenzen führen können, dann haben die nationalen Systeme der postsekundaren Ausbildung ebenso wie die Institutionen wissenschaftlicher Forschung die Chance, einer vermeintlich zwangsläufigen Konvergenzentwicklung zu entgehen.
6. Gleichwohl besteht weltweit das Risiko eines akademischen Neokolonialismus, weil konkurrierende soziale Systeme dazu neigen, durch das Diktat ihrer Kommunikationsregeln die anderen Systeme zum Kollaps oder zur Subsumption unter die eigenen Regeln zu zwingen.
7. Im Weltmaßstab sind im Wesentlichen drei große Systemtypen des postsekundaren Bereichs erhalten geblieben: Das kontinentaleuropäische System, das atlantische System und das ostasiatische System. Das katholisch geprägte System Südamerikas folgt nur noch bedingt eigenen Regeln und ist bereits „atlantifiziert" worden. Dieses gilt nicht für das fünfte, das islamisch geprägte System in der Form der Al-Azhar-Ausbildung, dessen Reichweite zurzeit aber sowohl geographisch als auch fachlich zu beschränkt ist, als dass es global eine determinierende Rolle spielen könnte.
8. Die drei Grundsysteme des postsekundaren Bereichs konkurrieren derzeit um Dominanz. Die Entscheidung über ihre Zukunft hängt von ihren Antworten auf die gemeinsamen Herausforderungen des postsekundaren Sektors weltweit ab.
9. Diese Herausforderungen lassen sich im Wesentlichen unter sechs Kategorien subsumieren:
   9.1 Die Theorie der Universität mit den ihr verbundenen Thematiken der Qualitätssicherung, des Verhältnisses von Grundlagen- und Innovationsforschung, der Nachhaltigkeit.
   9.2 Der Begriff der Bildung mit den ihm zuzuordnenden Problemen des künftigen akademischen Curriculum

und seiner Standardisierung, der Frage der Internationalität, des Problems der Wissenschaftssprache, der Lehrmethoden und neuerdings der Massenunterrichtung durch das Internet (MOOCs).
9.3 Zugangsgerechtigkeit zum als Berufsausbildungssystem verstandenen postsekundaren Institutionensystem, verbunden mit der Massifizierungsproblematik, der Gerechtigkeitsfrage, dem Problem der Diversität von Studienvoraussetzungen, der demographischen Entwicklung, der Mobilität der Lernenden.
9.4 Akademische Freiheit und Hochschulautonomie und, damit verbunden, Fragen von Demokratisierung, Governance und Hochschulsteuerung.
9.5 Die Differenzierung im Hochschulsystem, sowohl in der Amplitude von Lokalität und Universalität als auch von Universität und Spezialhochschule.
9.6 Die Hochschulfinanzierung, verbunden mit dem Problem der Finanzierbarkeit, der Finanzierungsquellen und z. B. dem Problem des geistigen Eigentums.
10. Es ist davon auszugehen, dass die drei großen Systeme unter den Imperativen eines neo-kolonialistischen Marktverständnisses als Wachstumsmarkt zum Verschwinden gebracht werden, weil sie mittelfristig Bestandteile des Wirtschaftssystems werden.
11. Eine solche Entwicklung würde mittelfristig dazu führen, dass wegen des Fehlens von Grundlagenforschung – als Eckpunkt des Wissenschaftssystems – sogar die Voraussetzungen des Marktes in Frage gestellt würden, der auf permanenter Innovation sowie dem Nachwuchs von Kreativität besteht, die selbst Bestandteil der Bildung von Persönlichkeiten ist, welche urteilsfähig sind.
12. Unter diesen Bedingungen würde
12.1 die Theorie der Universität zu einer Theorie des Wirtschaftswachstums werden,

12.2 die Idee hochschulischer Bildung auf das Gebot hochschulischer Berufsausbildung reduziert,

12.3 der Hochschulzugang von privater Finanzierbarkeit und Prüfungsfähigkeit abhängig gemacht,

12.4 akademische Freiheit auf Hochschulautonomie reduziert, die eine Verlängerung des Staatsinterventionismus in die Universität darstellt,

12.5 das Hochschulsystem interinstitutionell weiter ausdifferenziert und die Einheit der Universitas zum Verschwinden gebracht, sowie

12.6 die Finanzierung des Hochschulsystems im Wesentlichen privatisiert.

13. Diese Prozesse wären Ergebnisse einer Dominanz des atlantischen Hochschulverständnisses, das letztlich zurückgeht auf eine Verbindung des pädagogischen Realismus im 18. Jahrhundert mit dem Pragmatismus des 19. Jahrhunderts.

14. Vor diesem Hintergrund ist zu fragen, inwieweit das kontinentaleuropäische und das ostasiatische Modell eine determinierende Chance im Globalisierungsprozess besitzen.

15. Diese Chance könnte bestehen, wenn es dem kontinentaleuropäischen und dem ostasiatischen Konzept gelingt, ihre historisch sehr viel älteren Konvergenzen erneut zur Geltung zu bringen. Diese bestehen im Wesentlichen darin,

15.1 dass die Pflichten im Verhältnis von Individuum und Gesellschaft als wechselseitige ebenso gedacht werden wie dessen Missbrauch. Die Gesellschaft verpflichtet sich zur Bereitstellung bester Bildungschancen, das Individuum beantwortet dieses Angebot mit Leistung und Anstrengungsbereitschaft.

15.2 dass Einrichtungen der postsekundaren Erziehung nicht nur Ausbildungs-, sondern auch Bildungseinrichtungen sind, die das Ziel verfolgen, dem Indivi-

Konklusion

duum durch seine (Selbst-)Bildung im Medium der Wissenschaft seinen Beitrag zur humanen Höherentwicklung von Gesellschaft und Menschheit möglich zu machen.

16. Die verbleibenden Divergenzen betreffen:
   16.1 die Frage der Zugangsgerechtigkeit. Sie ist nur durch die Bereitstellung ausreichender Ressourcen unter Verzicht auf Selektivität sozialer Art zu leisten.
   16.2 das Problem der akademischen Freiheit. Sie ist die Voraussetzung für Erkenntnis sowohl im individuellen (Kultivierung der Person) als auch im gesellschaftlichen Maßstab. Sie ist nicht zu ersetzen, sondern durch die Autonomie der Einrichtung zu ergänzen.
   16.3 die erforderliche Differenzierung im Hochschulsystem. Sie erfolgt nicht interinstitutionell, sondern innerinstitutionell.
17. Der Kern einer aus der Mitte der Wissenschaft heraus erfolgenden Intervention hätte also in einer Verbindung aus kontinentaleuropäischer und ostasiatischer Tradition und Orientierung zu erfolgen, die ein balanciertes Verhältnis von Individuum und Gesellschaft anzielt.
18. Gleichzeitig ist nicht zu übersehen, dass die dem Individuum im kontinentaleuropäischen Verständnis eingeräumten Personenrechte im Bereich der postsekundären Erziehung das pflichtorientierte Verständnis der Aufgaben des Individuums gegenüber der Gesellschaft, je nach Sichtweise, unter- oder überbieten. Das gilt in ähnlicher Weise für den Hochschulzugang und die Hochschuldifferenzierung.
19. Eine bewusste Konvergenzentwicklung kann aber nicht, wie nach dem atlantischen Marktmodell, imperialistisch durch die Macht des Faktischen erfolgen, sondern setzt auf Dialog *prima facie* zwischen dem kontinentaleuropäischen und dem ostasiatischen Raum.

20. Gegenüber dem atlantischen Konzept ist, in aller Klarheit, für die Länder der kontinentaleuropäischen und ostasiatischen Tradition Widerstand in dem Sinne erforderlich, dass die Gesetze des Marktes, die Bildung als Ware und Grundlagenforschung als Kapitalinvestition deuten, nicht weiter Platz greifen dürfen.
21. Die auch im atlantischen Raum erkennbaren Gegenbewegungen innerhalb der Einrichtungen des tertiären Sektors, zum Beispiel in der Gestalt des Widerstands gegen MOOCs bzw. der Revitalisierung von *liberal education,* müssen als Dialogansätze für Konvergenzbemühungen zwischen dem atlantischen und den beiden historisch älteren Universitätskonzepten verstanden und genutzt werden.

Wenn man in Deutschland bereit ist, in eine solche Richtung zu denken, dann muss dieses Konsequenzen für allfällige Konzeptionierungen und Planungen des deutschen Hochschulbereichs haben. Dann bedeutet das, exemplarisch an der Kategorie Hochschuldifferenzierung gezeigt, dass die Zukunft nicht eine weitere Zersplitterung von Hochschultypen sein kann, die inzwischen über 400 unterschiedliche Varianten aufweisen, sondern dass die Entstehung innerdeutscher größerer Einheiten, über die Grenzen der Hochschultypen hinweg, überlegt werden müsste, um allein schon eine standespolitische Missdeutung interinstitutioneller Differenzen zu beenden.

In diesen Jahren der kritischen Entwicklung eines Welthochschulsystems dürften weniger wohlfeile Papiere von globalen NGOs angezeigt sein, die es allen recht machen wollen, als Aktivitäten innerhalb der Hochschulen und innerhalb der Regionen und Nationen, durch die Mitglieder der Einrichtungen. Diese müssen sich bei ihrem Begehren wie bei ihren Plänen darüber klar werden, dass ihre Aktivitäten Bestandteil eines globalen Prozesses sind, in dem zeitweise Widerstand und Dialog Hand in Hand gehen müssen.

Literaturverzeichnis

Adorno, Theodor W. (1998): Theorie der Halbbildung (1959). In: (ders.): Gesammelte Schriften. Band 8: Soziologische Schriften. Hg. von Rolf Tiedemann. Unter Mitw. von Gretel Adorno. Darmstadt, S. 93–121.

Aktionsrat Bildung (2008): Bildungsrisiken und -chancen im Globalisierungsprozess. Jahresgutachten 2008 des Aktionsrat Bildung. Hg. vom vbw – Vereinigung der Bayerischen Wirtschaft e. V., Wiesbaden.

Al-Adeeb, Ali Mohammad Al-Hussein (2013): „Why Baghdad Needs an American University", in: The Chronicle of Higher Education, Dec. 20, 2013, S. A 24 f.

Altbach, Philip G. (2011): The Past, Present, and Future of the Research University. In: ders./Salmi, Jamil (Hg.): The Road to Academic Excellence. The Making of World-Class Research Universities. Washington, D. C., S. 11–32.

Blankertz, Herwig (1965): Problemgeschichtliche Vorbemerkungen zu den beiden Texten von Campe und Villaume, in: Bildung und Brauchbarkeit. Texte von Joachim Heinrich Campe und Peter Villaume zur Theorie utilitärer Erziehung, Braunschweig.

American Council on Education (2011): „Strength through Global Leadership and Engagement. U. S. Higher Education in the 21st Century". Report of the Blue Ribbon Panel on Global Engagement. Washington, DC.

Derrida, Jacques (2001): Die unbedingte Universität. Frankfurt a. M.

Elias, Norbert (1969): Über den Prozess der Zivilisation. Soziogenetische und psychogenetische Untersuchungen. Zweite, um eine Einleitung vermehrte Auflage. Zwei Bände. Bern, München.

Elkana, Yehuda/Klöpper, Hannes (2012): Die Universität im 21. Jahrhundert. Für eine neue Einheit von Lehre, Forschung und Gesellschaft. Hamburg.

Frank, David John/Meyer, John W. (2007): Worldwide Expansion and Change in the University. In: Krücken, Georg/Kosmützky, Anna/Torka, Marc (Hg.): Towards a Multiversity? Universities between Global Trends and National Traditions. Bielefeld, S. 19–44.

Foskett, Nick/Maringe, Felix (2010): The Internationalisation of Higher Education: A Prospective View. In: Maringe, Felix/Foskett, Nick (Hg.): Globalization and Internationalisation in Higher Education. Theoretical, Strategic and Management Perspectives. London, New York, S. 305–317.

Global University Summit (2012): Declaration of the Fifth Global University Summit. April 29–May 1, 2012, Chicago, IL, USA. Online verfügbar unter: http://www.engagement.illinois.edu/globalsummit2012/declaration.html, letzter Zugriff am 14. 11. 2013.

Henze, Jürgen/Zhu, Jiani/Xu, Binyan (2013): Perspektiven der Entwicklungsdynamik im chinesischen Hochschulwesen. In: Buck, Marc Fabian/Kabaum, Marcel (Hg.): Ideen und Realitäten von Universitäten. Frankfurt a. M., S. 53–81.

Humboldt, Wilhelm von (1968): Theorie der Bildung des Menschen. In: Röhrs, Hermann: Bildungsphilosophie, Bd. 2, Frankfurt a. M., S. 56–60.

International Association of Universities (2012): IAU-MCO Guidelines for an Institutional Code of Ethics in Higher Education. Online verfügbar unter: http://www.iau-aiu.net/content/new-iau-mco-guidelines-institutional-code-ethics-higher-education; letzter Zugriff am 14. 11. 2013.

(dies.) (2012): Affirming Academic Values in Internationalization of Higher Education. A Call for Action. Online verfügbar unter: http://www.iau-aiu.net/content/affirming-academic-values-internationalization-higher-education-call-action; letzter Zugriff am 14.11.2013.

Kirby, William C. (2008): On Chinese, European and American Universities. In: Daedalus 137.3 (2008), S. 139–146.

Locke, John (1897): Gedanken über Erziehung, eingeleitet, übersetzt und erläutert von Ernst von Sallwürk, Langensalza.

Marginson, Simon (2011): Higher Education in East Asia and Singapore: Rise of the Confucian Model. In: Higher Education 61 (2011), S. 587–611.

Meyer, John/Boli, John/Thomas, George M./Ramirez, Francisco O. (1997): World Society and the Nation-State. In: American Journal of Sociology 103.1 (1997), S. 144–181.

Meyer, John/Schofer, Evan (2007): The University in Europe and the World: Twentieth Century Expansion. In: Krücken, Georg/Kosmützky, Anna/Torka, Marc (Hg.): Towards a Multiversity? Universities between Global Trends and National Traditions. Bielefeld, S. 45–62.

Michler, Inga (2013): „Aus dem Studium in den Ruin". In: Die Welt vom 05.01.2013, S. 21.

Le Ministère d'Enseignement superieur et de la Recherche (2013): L'état de l'Enseignement superieur et de la Recherche en France – Février 2013: http://multimedia.enseignementsup-recherche.gouv.fr/evaluation_statistiques/etat_enseignement_sup-recherche/index.html (zuletzt abgerufen am 25.11.2014).

OECD (2012): Education at a Glance 2012: OECD Indicators: United States. www.oecd.org/edu/eag.html.

UNESCO (1998): Welterklärung über Hochschulbildung für das 21. Jahrhundert: Ausblick und Handlungsperspektiven. Angenommen von der Welthochschulkonferenz „Hochschulbildung im 21. Jahrhundert: Ausblick und Handlungsperspektiven". 9. Oktober 1998. In: UNESCO heute 1/1999, S. 74–84.

UNESCO (2009): 2009 World Conference on Higher Education: The New Dynamics of Higher Education and Research For Societal Change and Development (UNESCO, Paris, 5–8 July 2009. Communique (8 July 2009).

U.S. Department of Education (2012): Succeeding Globally Through International Education and Engagement. U.S.

Department of Education International Strategy 2012–2016. Washington D.C.

Weiler, Hans N. (2010): Higher Education in Crises. Is the American Model Becoming Obsolete? Stanford.

Xin, Chen (2004): Social Changes and the Revival of Liberal Education in China since the 1990s. In: Asia Pacific Education Review 5.1 (2004), S. 1–13.

MIX
Papier aus verantwortungsvollen Quellen
Paper from responsible sources
FSC® C105338

If you have any concerns about our products,
you can contact us on
ProductSafety@springernature.com

In case Publisher is established outside the EU,
the EU authorized representative is:
**Springer Nature Customer Service Center GmbH
Europaplatz 3, 69115 Heidelberg, Germany**

Printed by Libri Plureos GmbH
in Hamburg, Germany